伝えたいことが相手に届く!

公務員の言葉力《ことばぢから》

元静岡県理事
山梨秀樹［著］

ぎょうせい

はじめに

公務員の皆さんは、職場で毎日、どんな言葉を使って話しているだろうか。どんな言葉で、書類や資料を作っているだろうか。

同僚や他の課の職員、上司、さらにその上の経営陣に対して、どのような言葉で、どういう伝え方をしているか。そして、そのための文書をどう作成し、どんな資料を添えているだろうか。

組織において大切なのは、こちらの意図と中身が相手に正確に届き、理解され、吸収され、相手に共鳴、そして共振してもらえるような伝え方である。自治体の仕事は日々忙しく、地域の行政需要は、これからさらに増えていく。伝えたはずなのに伝わっていない、説明したはずなのに、理解されていない。むしろ、誤解までされている。話したつもりなのに、関係する資料もデータも渡したのに、どうして…!?

これでは、ただでさえ忙しい役所の仕事は非効率となり、現場はさらに多忙になる。

庁内だけではない。自治体行政はその範疇が広く、奥行きが深い。

地域住民の方々はもちろん、議員、様々な関係団体、各分野の有識者、中央省庁や他の自治体等の行政関係者、報道関係者など、自治体が伝える相手方は広範囲で多様であり、その数も多い。一発で、一言で、どの人々にも、こちらの思いと内容を正確に、早くつかんでもらうための努力は、どうしても必要だ。それは行政の施策・事業の展開スピードや、目指す効果に大きく影響する。そして、それらは各職員が懐に携え、毎日使う「言葉の力」にかかっている。

我々職員は、日頃、仕事で何気なく使う言葉の大切さを知り、日々の地道な訓練でその力を養い、高める必要がある。私は自治体職員として、多くの仲間とともに地域のために業務を進める中、役所の内外を問わず、相手に届き、人々に響き、共鳴・共振してもらえるような公務員の説明力、表現力、コミュニケーション能力の重要性を痛切に感じてきた。そして、それが自治体の組織経営の強化と健全化、ひいてはまち全体の勢いづくり、活性化に向けて極めて重要な要素であるのに、その点を体系的に述べた論考や書物がないことを残念に思っていた。ならば、自分が書こう。これが本書執筆の主な経緯である。

行政を担う役所は組織で成り立ち、組織は個々の職員で成り立つ。組織の経営では、言葉がヒトを大きく育てることもあれば、ヒトを台無しにしてしまうこともある。これから、いかに活力あふれる元気な自治体をつくっていくか、その組織は、どのようなものであるべきか、そのための職場づくりはどうすればいいのか。私はこの本でそれらに向け、一つの答えを記した。

本書は、自治体の管理職の方々のみならず、将来、管理職や経営陣として自治体の舵取りをしたい、と思う若手職員の皆さんに向けたメッセージでもある。職員が日々発する言葉の力が、組織の経営、ひいては自治体全体の経営の本質に関わるからだ。私は自治体経営において必須、かつ最大の武器である言葉の影響力＝「言葉《ことば》力《ぢから》」に注目し、その最大活用の具体的な手法を体系的に整理した。

まずは一気に読み進め、その極意を、職場で一つひとつお試しいただきたい。

本書の執筆にあたり、多大な御尽力と御協力をいただいた株式会社ぎょうせいの皆様に、厚く御礼を申し上げる。

令和元年11月

山梨秀樹

目　次

はじめに

序章　「言葉力《ことばぢから》」を鍛えるねらい

組織経営の要《かなめ》はヒト、そして言葉 …… 2

第1章　公務員に最も求められるのは「言葉力」！

1　「言葉力《ことばぢから》」とは何か？ …… 6
2　今の自分の業務について一言で語れるか？ …… 7
3　お役所言葉は宇宙語!?～苦い経験から学ぶ …… 9
4　組織を生かすのも台無しにするのも言葉次第 …… 11
5　言葉力で組織と経営を強靭化するプロセスとは？ …… 13

第2章 「言葉力」による情報発信戦略で広報・PRが変わる！

1 言葉力による戦略で組織に力が湧く！……18
2 広報・発信戦略の極意1 メディアに「届く」伝え方とは？……23
3 広報・発信戦略の極意2 言葉はできるだけ遠くに飛ばす！……34
4 自治体は世界を相手に政策を語る！……38
5 住民の反応・評価による職員の達成感と士気の高揚……41

第3章 「言葉力」でしごとの仕方を変える～職員自身の「自己改革」

1 自分の「しごと」は自分が変える！……50
2 簡潔な文書・資料作りのポイント……54
3 職場のミーティングをスムーズに進める……65
4 首長、部局長への報告・プレゼンは、ここ一発の真剣勝負！……66

5　最後まで読んでもらえる計画を作る……70
6　よくわかる住民説明を行う……73
7　議会の答弁力アップ！……75
8　非常事態で発せられる言葉力の大きさ……83
9　若手職員は自らの思いと熱を吐き出す「自我」を持て！……87

第4章　管理職の「言葉力」が組織を活性化する

1　5つの言葉行動で職場の雰囲気が変わる！……94
2　職場で情報を共有するための言葉力……108
3　若手職員の言葉から経営改革や新たな戦略が生まれる……113
4　「査定型」の上司と「協働型」の上司……116
5　職場を「変える」～静岡県経営管理部地域振興局の戦略例……118
6　組織のコンプライアンス、内部統制を確保できるか？……122
7　職場のパワー・ハラスメントを根絶できるか？……134

第5章 自治体経営の強化につながる「言葉力」

1 優れた自治体経営とは何か？　その本質に迫ろう！……148
2 組織の総力でヒトを育てる……151
3 市町村の企画・人事関係者に向けて……160
4 おわりに～自治体職員の「あるべき姿」とは？……166

序章

「言《こと》葉《ば》力《ちから》」を鍛えるねらい

組織経営の要《かなめ》はヒト、そして言葉

地方行財政を取り巻く環境は、ますます厳しくなっている。そして、これからさらに厳しさを増す。

少子高齢化が大きく加速する人口減少社会にあって、右肩上がりの地域経済成長が望めない中、地域を牽引し、人々の暮らしの満足度を高める取り組みの中心を担うのは、今や「公共」である。

私は元県庁職員であるが、市町村行政との関わりが長く、国に派遣され地方分権の仕事に従事し、さらに県内の市にも勤務して基礎自治体の生の現場を経験した。いわば県、国、市の3つの「公共」に仕えたのだが、その中で、地方自治体の組織力と人財力が、いかにその地域に大きな影響を与えるかを、まざまざと体感してきた。

地方自治体が極めて限られた職員数で、多くの地域需要に応じ、人々のために具体的な施策・戦略を的確に構築し、かつ迅速に進めるのは、今日も将来においても、至難の業である。今後、明らかに厳しくなる社会・経済環境にあって、住民に身近な行政主体として、住民のため真に強く、たくましい自治体をどのように創り上げるのか。そのことに多くの自治体の首長や経営陣が日々悩み、葛藤し、挑戦している。

およそ経営というのは頑迷であってはならず、「突発的な事案」に即応できる柔軟さ、しなやかさが不可欠であるし、長期的な課題に粘り強く取り組む、頑強な体力がほしい。そして、多くの知恵と工夫で、日々直面する行財政運営の諸課題を、一つひとつ住民のために解決していかなければならない。

このような強さとしなやかさ、体力と知恵を兼ね備えた**「自治体組織・経営の強靭化」**の手法について、私は長く模索するうち、我々が毎日使う言葉の力による、有効で汎用性のある体系的な方式があると考えるようになった。そして、それを自分の行政実務において試行し、その効果を確認することができた。本書はこうした自らの実践経験をもとに、その具体的な方式、メソッドを記すものである。

これまでの自治体の「経営改革」といえば、ただ「切る・削る」ばかりが長く先行してきた。ひたすら予算を切り詰め、組織と職員定数を圧縮し、職員は、どこの窓口も短期雇用の非常勤だらけ。そんな古色蒼然とした「改革」の処方箋が、厳しい社会・経済環境を乗り切る唯一の道だと信じ、自治体はいつまで単純愚直に大ナタを振るっていくのだろうか。

経営の本質、その中心は「ヒト」である。自治体は、その区域内のガバナンス（いわゆる統治）としての行政経営とともに、ガバナンスをたゆまず進めるための自治体組織（役所）の経営を行う。そして、**自治体組織は全てヒトで成り立ち、ヒトが動かす。**

この最も基本的な「ヒト」（人件費としての数字ではなく、生身の身体と心を持ったヒト）を中心に据えて議論と改革をしない限り、自治体はもう存続できない時代が到来している。地域のため、優れた自治体経営を、「ヒト」をテーマにどう進めるのか。「ヒト」の集団である自治体組織の経営レベルを、住民のためにどう高めていくのか、どんな組織経営を目指すのか、そのために組織を具体的にどう変えていくのか。こうした、「ヒト」を中軸に置く自治体組織経営の本質を踏まえた改革をしない限り、優れた自治体経営と、住民に向けた真の地域づくりはもうできなくなっている。

「ヒト」と「ヒト」をつなぐのは、心と血の通う「言葉」である。

私は、自治体組織・経営の強靭化に向けた具体的手法において、極めて重要な要素となるのが、行政実務における日々の**「言葉」**の力と、それを駆使する思いや技術であると考えている。本書の基本テーマは、そこにある。

第1章

公務員に
最も求められるのは
「言葉力」！

1 「言葉力《ことばぢから》」とは何か？

さて、毎日使っているのに、言葉というのは実に難しい。

私は、住民に的確に奉仕する行政サービスの向上のために必須で、かつ最大の武器であるコミュニケーション能力と説明能力を、「言葉力《ことばぢから》」と表することにする。一言で相手の胸に届いて響く、簡にして要を得た言葉の力である。私は、この**言葉力**により、自治体の総合戦力を組織（役所）の内部から高め、組織全体を強靭なものにして、人々のために情熱を持って活き活きと仕事を進めるたくましい組織を、短期間で創り上げることができると考えている。本書では、その方式について、具体的な手順（プロセス）とともに述べていく。これは、**言葉力による自治体組織・経営の強靭化**に向けた実践の書である。

本書が示す主なテーマは、次のとおりである。

●自治体職員が組織の内外で求められる「言葉力」とは何か。そして、これをアップする手法とは？

- 言葉力を活用した職場、組織、さらには地域活力の強化方法とは?
- 言葉力を駆使した「しごとの仕方」を改革する手法とは?
- 言葉力による内部統制の確保やパワー・ハラスメントへの対処とは?
- 言葉力の育成で、自治体経営がどう変わり、どう強靭化されるのか?

2 今の自分の業務について一言で語れるか?

自治体が行う業務内容は極めて広範囲で、かつ多様である。自治体行政においては住民のあらゆるニーズを捉え、どう施策にするのかを、常に具体的に考え、早く実行しなければならない。

しかも自治体職員は、もちろん一人で政策を実行できるわけではない。役所の内部では上司への説明・報告、様々な議論や意見交換、協議と決裁、会議等での説明、首長等へのプレゼンテーション、役所の外に向けては、地域・現場での多くの人々との対話、住民や関係団体への施策の説明、様々な要請や苦情への対応、そして議会の本会議や委員会での答弁、さらには広報と報道機関への対応など、自治体は常に、極めて多くの人々と語りながら施策を練り上げ、事業を展開する。

これらのどのシーンにも共通する、最も重要なことは何か？

それは、職員一人ひとりが自分の担当職務について、その目的と理想、今何が必要とされ、それゆえ何をしたいのか、それによりどんな効果をねらっているのかを、**誰に対しても一言で明確に説明でき、誠実に対話ができること**である。これが、**「言葉力」**である。

改めて定義しよう。

●自治体職員に求められる「言葉力」とは？

自治体組織内や住民に向けて、職員各自が、担当職務への熱い思いや施策の内容、さらには他者への思いやりを、最もわかりやすく、自分の言葉で的確に伝え、かつ誠実に対話する能力である。

3 お役所言葉は宇宙語⁉~苦い経験から学ぶ

住民をはじめ、庁外の人々に対して「お役所言葉」は通用しない。行政用語は街を歩く人々には宇宙語のようなもので、とにかくわかりにくい。そして、役人の説明は、誠実だがつまらないとよく言われる。人々の関心を引くフレーズ、日々の暮らしにかかわる住民の望みや期待に直接答える言葉や表現の力が乏しいからである。

だから職員は、相手が明解にこちらの趣旨を理解できるよう、資料や書面についてはもちろん、そこで話す言葉の選定には最大限の注意と配慮をし、相手に的確に伝わる簡明な説明をしなければならない。

公務員として「言葉力」の大切さを身に染みて知った瞬間を、私は今でも鮮明に覚えている。かつて、ある市民団体が主催する講座で役所の新規施策について短時間のプレゼンテーションを求められたことがある。15分の時間をいただき、私はパワーポイントを使って懸命に話し出したが、開始から5分ほど経過した時、会場のある市民から罵声が飛び、私は不意をつかれた。「あんたの言っていることがわからないんだよ!ゆっくりでいい。

簡単に、もっとわかるように話せ！」。満座の会場でのこの叫びに、私は呆然自失で凍りつき、次の瞬間、深々と頭を下げていた。プレゼンは完敗である。

どんなに優れた施策も、我々行政の熱き思いも、住民に伝わらなければ、存在しないのと同じである。反対に、良い仕事をしているのであれば、自信をもって堂々と人々に伝え、担当者の思いと実効・成果を皆で共有したい。この日から私の「言葉」との闘いが始まり、それは今も毎日、続いている。

自治体職員は、地域の人々、企業や団体、自治会、議員やその関係者、そして報道機関など、多くの人々と日々会話する。その全てに、行政としての説明責任が存在する。公共サービスの受け手である多くの様々な人たちに、こちらの思いや意図する中身がストレートに、的確に届いているかどうかは極めて重要な問題だ。文書・書面、口頭、そして手話などあらゆる方法で表される言葉の力。この力を絶対に軽く見てはならない。

特に、対話による説明では、**一発でビシッと相手の胸に届いて響く「言葉力」**を、我々は公務員人生を通じて日々学び続けなければならない。

4 組織を生かすのも台無しにするのも言葉次第

組織は年齢も経験値も様々な、職責上対等でない人間の集合体であるが、同時に、生身の身体と心を持った個人の集合体である。この2点を勘案し、明るく風通しの良い職場を創るには、上層部から若手まで、職員が丹念に言葉力を培うことが、是非とも必要である。これが、ひいては組織内部で最も大切な情報共有の空気を創り出し、的確な施策の素早い執行を可能にする。

特に人財育成の面で、言葉力の影響は計り知れない。組織内で使われる言葉は、無神経に、乱暴に使われると、才気あふれる職員を台無しにしてしまうことがある。しかし的確に丁寧に使えば、自信を失った職員を仕事の達人に変えることもできる。**言葉は、時に冷たく鋭い刃にもなり、ほのかに温める灯火にもなる。**言葉に魂が宿るという「言霊」の語を持ち出すまでもない。ヒトは言葉で考え、言葉で生きているから、その力は絶大であり、またそれゆえ、恐ろしいものでもある。

さらに、役所の庁内（つまり皆が同業者）であっても、多忙な上司や仲間に正確な意図・

内容を伝える緊張感は必須である。庁内では同じ行政用語を使うから、同じ知識や情報を持つ前提で会話や議論が続くのだが、それゆえ言葉を省略したり、早口でベラベラと話してしまったりすることがよくある。しかし、相手が自分と全く同じ知識・情報を持ち合わせているとは限らない。そこで、多くの勘違いや誤解が生まれ、同じ組織内でも、会話や議論の成果が正確に共有できなくなる。それで後から、「伝えたはずなのに！」「それは聞いてない！」「こんなはずじゃなかった……」ということになり、いら立ったり肩を落としたりする。

日常のあらゆる業務の中で、職員一人ひとりができるだけ端的に、**枝葉を削ぎ落としてストレートに相手に中身を伝える**よう心掛ける。そして、自分の案や結論を正確・明確に伝えるよう日々訓練しなければ、組織全体の行政効率が落ち、仕事の生産性もいずれ低下していく。

これは正に、職員各人の日頃のちょっとした心掛けと訓練次第なのである。毎日使う言葉の一つひとつを、粗末にしないことである。

5 言葉力で組織と経営を強靭化するプロセスとは？

私が言葉力を強調するのには大きな理由がある。**言葉力を手段として、自治体の組織・経営を強靭にしていく、明解なプロセスがある**と考えているからだ。

自治体組織の活性化とそれに伴う経営の強靭化は、職員の言葉力を育成し、発揮させながら、実務的に以下の2つの行動手順を並行して繰り返すことで達成できる。

その2つの行動手順とは、

- **徹底した情報発信戦略による「強靭化」……プロセス1**
- **組織の風土・環境づくりによる「強靭化」…プロセス2**

である。それらは、以下のとおりである。

言葉力による自治体組織・経営の強靭化 プロセス1

●言葉力による徹底した発信戦略（常時的な説明責任）
（第２章１〜4）

↓

●住民の関心の高まり、反応と評価（職員に直接届く）
（第２章５）

↓

●職員の達成感と士気の高揚（やれる！ 次はこうしよう！）
（同　上）

↓

●自分のしごとを自ら変える、職員各自の「自己改革」
（第３章）

言葉力による自治体組織・経営の強靭化 プロセス2

●5つの「言葉行動」による職場の空気づくり
（第４章１〜5）

↓

●風通しの良い職場、明るく爽快な組織風土の形成
（同　上）

↓

●組織のコンプライアンスを含む内部統制の充実
（第４章６）

↓

●パワー・ハラスメントへの毅然とした対応
（第４章７）

これは私自身の組織経営に関する経験則から得たもので、必ずしも科学的ではないかもしれない。しかし、極めて実践的である。

この2つの基本プロセスを同時に並行して繰り返すことにより、自治体組織の全庁的な活性化と経営強靭化が、短期間で可能となるのだ。

この方式は、職員数や組織の大小に関係なく効果がある。また、特に予算も必要としない。そして、1年程度プロセスを続けることで、職場において確実に変化が現れ、2年から3年を待たずに、組織全体の様相がすっかり変わる。活力が増し、職場と組織の生産力が上がり、組織全体に勢いがついてくる。

私はいわゆるコミュニケーションの専門家でも「話し方教室」の講師でもない。「言葉力」をベースとした人財育成（「財」は「たから」の意味である）の具体的なプロセスによる、組織の活性化と経営の強靭化を、行政実務の経験則から自信を持って推奨する者である。

では、順次、プロセスごとに具体的な行動方法を述べよう。

第2章

「言葉力」による
情報発信戦略で
広報・PRが変わる！

1 言葉力による戦略で組織に力が湧く！

(1) 職員一人ひとりが自分の仕事のＰＲパーソン

情報の発信と言えば、現代はそのパターンが実にたくさんある。

まず、自治体の発信戦略の基本とは何だろうか。

それは、**組織の全職員が、自分の仕事のＰＲパーソンとして活動する**ことだ。人々に自分自身の仕事を知ってもらえる喜びを感じる職員を、庁内で一人でも多く増やすことが、自治体組織の経営改革そのものと言える。これを推し進めることは、経営陣、そして管理職の極めて重要な職務、むしろ責務だと思う。だから、施策の広報やＰＲは広報担当課の仕事だなどと考える幹部職員は、そもそも職員である資格がないと私は思っている。

大切なことは、なぜ今この仕事が必要なのかを**「一言で話す」力を、役所の全職員、一人ひとりが訓練して養う**ことである。この力の構築には、個々の職員の日頃の心構えが必要だが、職員自らの仕事への思いや熱量がベースとなるから、話し方に特別な法則はない。それゆえ、いわゆる「話し方教室」のような講座の受講も特に必要ない。ただし、仕事を語る簡明な一言を常に職員が自分で考え、懐に用意しておくことが必要だ。要は話す技術の問題ではなく、職員の日々のちょっとした心掛けと、仕事にかける情熱の問題である。

そこで、日頃から各職員にまとめておいてほしいポイントは、次のとおりである。

1 何のために今、自分がこの仕事をするのか（意味と目的）
2 今、地域で何が足りないか、何が問題なのか（わが問題意識）
3 この仕事のねらいは何か。自分が社会のどこに、どう役立てたいのか（成果目標）

これらを明確に、職員が自分の思いとして、自身の言葉で簡潔にまとめ、それを機会あるごとに人々に語る。この訓練が大切なのである。

施策の沿革や事業立案の経緯などは大抵、聞く側にとっても大した関心はない。担当職員は、自分が是非やるべきだと思い、現にしている仕事の意味と目的、その地域・社会での役割が、相手に明確にわかるよう、自分で選んだ最も簡潔な言葉で表現することだ。その言葉選びの努力を、ひたすら続けるのである。これを日々習慣的に行うことで、仕事についての考えや理想が自分の中で整理され、わが仕事、わが施策として自分の頭の中にまとまってくる。

伝え方の基本も、平易を旨とする。**主語と述語の間を最短距離にし、修飾語は極力、削ぎ落として話す。**日本語は文の最後、つまり述語まで聞かなければ結論がわからない。だから中間の言葉は最小限にし、結論を早く相手に伝える。各文はおのずと短く、中身は簡明となる。その語りが、**自己の仕事の「存在価値」**になり、施策を進める**職業人としての「存在意義」**にもなる。これは多忙な中でも、日頃から各職員自身が考え、自分の言葉で常にまとめておく必要がある。いわば、**わが仕事の本質の確認と、その放射**という所作である。

特に、多くの窓口を抱え、日々住民と直接対話する市町村の職員は、個別事案への対応や事業内容の住民説明等で多忙であり、仕事自体の本来の意味やねらい、それを通じてのわが理想の追求について、十分に語れる機会が少ない。しかし、そこを明瞭に語るのが、自治体職員の重要な責務だと私は思う。それを自分の言葉で的確にわかりやすく人々に伝えることは、**地域で公務を司る職員自身のアイデンティティ**につながると言えるからだ。

そして、我々自治体職員が、日々の仕事で自分の言葉力を特に大きく試される機会がある。その一つが、報道関係者への施策説明である。これについては、次項で述べよう。

(2) 役所は何をしているのか、よくわからない？

若い頃、県庁を訪れたある住民から雑談の中で、「県庁職員は毎日よく働いているように見えるけど、このビルの中で何をやっているのか、よくわからない」と言われたことがある。実際、地域に出て人々に聞いてみると、そんな思いの方が実に多いのに驚く。これは自治体職員として大いにショックである。役所は相応の数の職員を擁し、膨大な業務を日々こなしている。ところがその多くの仕事、施策・事業の目的や概要、目指す姿について、実はたいして人々に知られていないのではないか。この不安を、我々行政はどう払拭したらよいのか。

世に知られず、住民に見えない、届かないままの公共部門の努力や成果は、それゆえ関心も持たれず、良否・適否の評価もされない。しかし、紛れもなく人々のために日々行われているのが公共の仕事である。だから、成果が出たら直ちに住民にお知らせするのはもちろん、まだ成果が具体的に出ていない段階でも、その取り組み内容や課題等は正確・的確に、随時、人々に知らせるべきである。

そもそも税を主な原資とする我々の業務の内容は、その進展や成果の有無とは無関係に、基本的に常時、納税者たる住民に説明、つまり広報すべきなのだ。これは公共部門に特有の、恒常的な責務である。私はこれを**「常時的説明責任（Continuous**

Accountability)」と呼び、地方行政の基本戦略であるとともに、行政人財の育成のキーワードでもあると強く主張してきた。

(3)「説明責任」って、そもそも何だろう？

よく言われる**「説明責任」**とは、いったい何だろうか。役所が何かの不祥事を起こし、住民から責任を問われ、そこで発生するものだけを言うのだろうか。

コンプライアンスが自治体に常在すべきであるのと同様、説明責任もまた常時、自治体に内在する義務である。我々地方行政が今何を考え、何を目指して何

人々への説明責任とは？

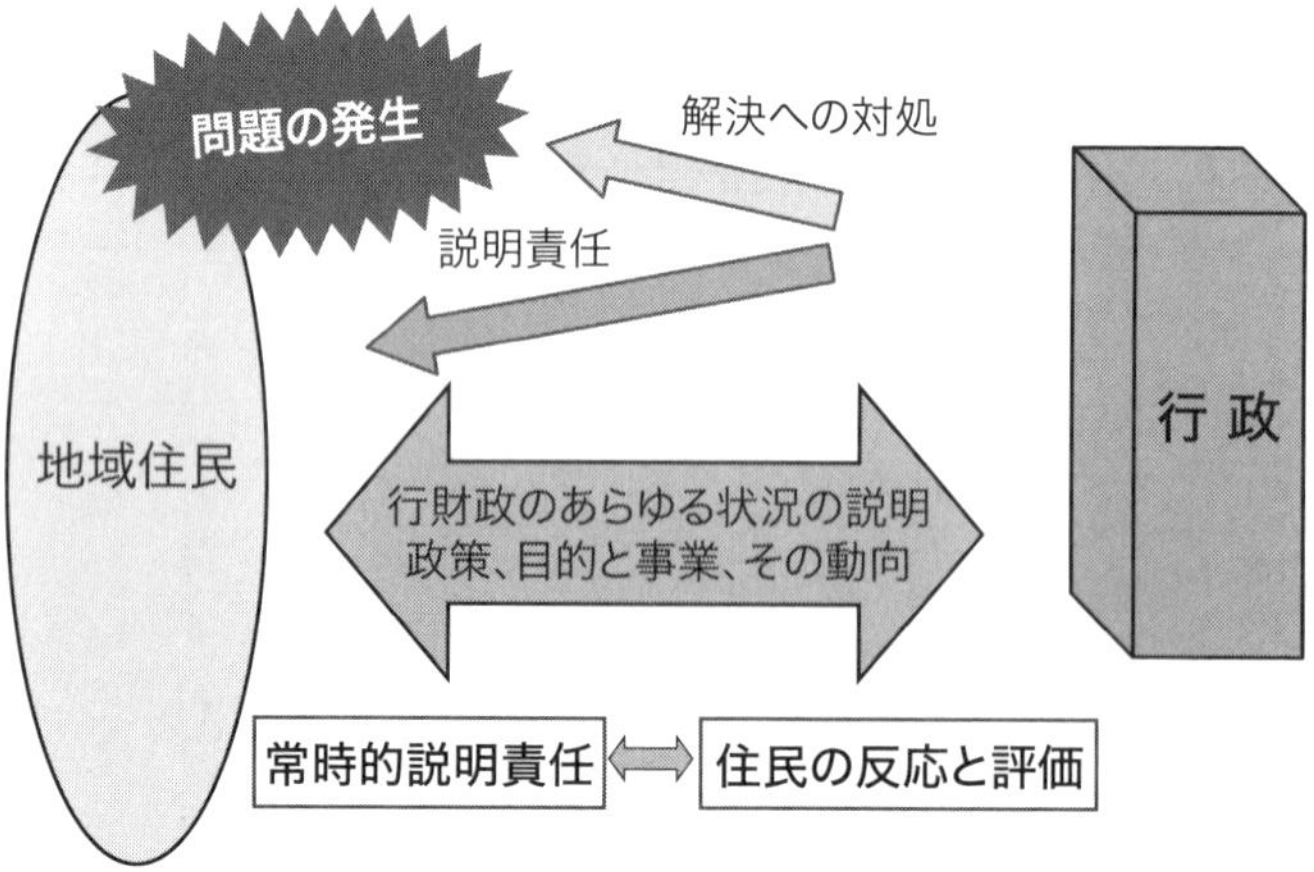

をしようとしているかが、常に住民に知られる(または知ろうとすればすぐに知ることができる)ようにすることは、行政に関わる全ての者の基本的な責務なのだ。

不祥事への対処の局面は、行政の説明責任を果たす場のごく一部に過ぎない。行政はその基本的な義務として、各職員の公共サービスの内容や個々の成果等はもちろん、そこに至る途上の状況を含め、あまねく随時、住民に明示すべきである。それは、あらん限りの広報戦略の展開によって、はじめて可能となる。考え得る全ての媒体の活用はもちろんだが、日頃からの報道関係者との豊かな信頼関係もまた、欠かせない。これらは全て、地域住民の福利増進のためである。

2 広報・発信戦略の極意1 メディアに「届く」伝え方とは?

(1) 報道対応は、上司でなく担当者が自ら行う!

社会的に注目される事業や事案については、記者会見や記者レクチャーを行う場合もあるが、日常的に多いのは、やはり各記者の個別取材への対応である。これは、職員にとって自己が打ち込む施策・事業が世に知られる、正に絶好の機会である。

そもそも報道対応（いわゆる取材受け）を担当職員の上司がやる必要はないと思う。取材してくれる記者のためにも、その業務に最も詳しい担当職員が対応すべきだ。職員にとっては、正に自らが推し進める施策の中身を、大局的に、また具体的に人々にわかりやすく説明する力（言葉力）を試し、養う絶好のチャンスであり、その説明内容が報道により広く世に行きわたるという意味でも、重要な実践的鍛錬の場である。この鍛錬は是非とも、職員が若いうちから行うべきだ。

多くの自治体で見受けられるように、私のかつての勤務先（県庁）でも、報道関係者から取材の申込みがあると、担当者の上司である課長や主幹が対応した。より責任ある立場の者が報道対応をすべしというのがその理由なのだが、私は若い頃、それに強い違和感を持っていた。取材対象である当該業務・事案の内容を最もよく知っているのは、担当者たるこの私であり、私自身、当該施策や事案に対する思いもある。自分の仕事は自分で説明したいし、そこにかける思いも、多くの人々に伝えたい。だから、私は直接取材を受けた際は、若い頃から自分で対応してきた。自ら選んだ言葉で丁寧に話し、施策にかける熱い気持ちも記者に語った。その上で、この内容をどう扱うかはお任せする、という言葉を最後に添えた。

自分は施策の担当者として、こういう価値観と目的で、この仕事を進めている。その中身と目指す成果、自らの理想はこうである。それを記者がどう解し、どう書いてくれるかは、正に報道の自由である。結果的に記者は私の思いを汲み取り、的確に報道してくれてきた。

(2) 取材を「受ける」のではなく、取材で「売り込む」！

報道関係者の取材は、職員にとって格好の行政発信のチャンスである。これを絶対に逃してはならない。そして最大限に活用する。優れた施策についてであれ、問題事案やトラブルについてであれ、行政の取り組みや、解決に向けて努力している姿を、きちんと世に知らせる重要な機会・局面が、報道取材への対応である。

ちょっと考えていただきたい。世界的な大企業の社屋内にも記者クラブがないのに、多くの自治体の庁舎内に記者クラブがあるのはなぜか。企業にも、苦労して開発した先端技術や新製品の情報を報道提供し、公表する機会は確かにあるが、実際の商品販売ではマスコミに高い広告料を支払って宣伝することになるのはなぜか。

公共部門は、人々が負担する税を主な原資とする。そこに業務の社会的使命の大きさと重い責任、重要性があるのに加え、国民生活に直結する業務を担いながら、その業務のほとんどが民間企業による代替が利かないという行政の基本的性格から、報道関係者が常に関心を寄せる対象となっている。この点は、先述した住民への**常時的説明責任**の見地からも、極めて大事なポイントである。それゆえ自治体としては、あらゆる機会を通じて報道関係者と接し、施策や事業、その進捗状況や地域で発生している課題など、広く業務、事象や事案を記者に的確に伝え、記者とよく語り、それらを正確に常時、世に出して住民に問う姿勢を、鋭意貫くべきなのだ。

(3) 発信戦略の「流れ」をつくる!

そう考えている私にとって、組織的な広報・発信戦略は、業務上の主要な注力点であった。仕事で部下と話していて、非常に良い施策・事業なのに一度も報道されていないものがあると、私は担当者に、「○○さん、これ売ろう!」と叫ぶ。担当者はハッとする。自分の仕事を熱心に進め、その効果を肌で感じていても、その仕事を世の中に「売る(=広める)」という発想が、当の職員からも出てこないことがあるのだ。

原資を税で賄う我々の仕事は、全て地域住民に知られてこそ、その意味がある。逆に、やっているのに知られていない仕事は、住民の評価にさらされず、住民への説明責任を果たしていない仕事である。それはそれだけで、住民の感覚上、無価値なものとなってしまう。これをそのままにしておくのは、納税者に対する背信的行為だと私は思う。職員のやっている仕事は、あまねく人々に知らせる公的な義務があるはずだ。しかし悔しいことながら、自治体の発信機会は、これだけＩＣＴが進化した現在でも、まだいくつかの意味で限界がある。

だから報道機関に向けても、その活路を求める。積極的に、内容に魅力と効果のある（またはそう我々が確信する）施策と具体的な事業を、記者によく連絡の上、随時、丁寧にわかりやすく説明する。

行政の専門家ではない記者が、我々の話に興味を示し、その事業の価値と意義、効果の可能性などをわかってくれたら、しめたものである。行政用語などは禁物だ。一般の人々にわかる平易な言葉で、明瞭に自分の施策を語る。特に、その目指す理想と人々のくらし満足度アップへの効果を、**自分の思いとともに、自らの言葉で丁寧に説明する**ことである。

そして管理職は、担当者から事業説明を受けて納得したら、「これ、報道してもらおう」と言おう。意識的、習慣的にそう言うべきだ。部下に記者と話す機会を作るように言い、場合によっては自分で記者と連絡を取る。足を運んでくれた記者には礼を言って概要を話し、あとは担当者に任せる。そして、そこからが担当者の言葉力の鍛錬の場となる。

これが甲斐あって何らかの記事になると、職場は大いに盛り上がる。担当者の写真でも載ったらひと騒ぎである。自分の担当施策が紹介されると、担当者はもちろん、職場の皆が嬉しい。この**発信戦略の「流れ」を創る**のが、管理職である。この「流れ」がだんだん定着すると、発信合戦が各部署で起こるようになる。「流れ」が徐々に、組織の「勢い」に変化していくのである。こうなってくると、職場の雰囲気は変わる。職場全体に高揚感、活気、そして闘志が湧くようになる。職員に、もっと頑張ろう！という明るい気迫が見えてくる。これは見ていて実に楽しく、また頼もしいものである。

我々公務員は、商品を売らない。でも、人々の幸せの種を、できるだけ多く蒔きたい。貴重な税を駆使して活動する職業として当然のことだが、価値ある仕事を、価値を示して人々に厳正・的確に評価してもらうためには、その仕事をまず人々に知ってもらわなければならない。それは重要な公的責任であり、実はまた、喜びでもある。だから、**施策・事業を行うのは、公務のいまだ半分である。**当該施策・事業に関する徹底した広報活動で、はじめて公務全体が完成するのだ。

(4) 一言で相手をうならせる言葉力を日々練成する

報道対応で最も大事なことは、報道関係者（＝当該事業・事案の専門家でない人々の代表者）にわかりやすい一言で、明解に事業・施策の目的、内容と意味を示すことである。これは行政現場の何処においても、言葉力を培う基本的な訓練事項である。法律用語やお役所の専門用語ではダメなのだ。日常の言葉、自分の言葉で、自ら納得がいく説明を、できるだけ明瞭に行う。言うは易いがこれがなかなか難しく、実践そのものがハードな訓練となる。毎日挑戦しなければならないが、この力は各職員が日頃から、自らの業務と言葉に意識して臨んでいると、おのずと少しずつ醸成される。次第に**仕事の言葉が、自分のものになる**のである。地方行政はサービス業そのもので、訓練の機会が毎日たくさんあるし、何より自分が行う仕事のことだから、必ず自分の言葉で語れるはずなのだ。

実は、言葉力の力量は、報道取材の対応における記者とのやり取りの中で、若いうちから簡単に自分で検証できる。

記者は、スマートフォンなどの録音機器を用意していても、ポイントとなる所では、必ずメモを取る。取材内容について、要点とキーワードを整理するためである。だから伝える我々職員としては、記者にどれだけその案件についてメモを取ってもらえるかが、勝負どころとなる。特に新たな施策や取り組みの紹介では、その目的とねらい、行政の思いや理想（つまり事業の持つ物語）について、我々が記者に放つキレの良いフレーズ、キーワードがいくつ記者にメモされるかで、記事の扱いがおおよそ決まる。メモを取ってくれたらその言葉は「当たり」。取らなければ「はずれ」である。こちらの熱を帯びた言葉が記者に効いているか否かは、すぐにわかる。日々忙しい記者たちに、施策・事業について多くを紹介してほしいと思ったら、**端的でわかりやすい言葉選びの真剣勝負**に出なければならない。

そして、記者との人間関係も大変重要である。私は、記事化や放映をしてくれた記者には、必ず感謝の言葉を伝えることにしている。記者の中には「仕事として記事にしたことなので、御礼を言われることではないですよ」と言ってくれる人もいるが、それでも私は必ず御礼を言う。

日々報道各社に寄せられる膨大な情報と多くの取材の中から、記者が我々の情報を選び、扱ってくれる。これは実にありがたいことである。国の政府などと比べ自治体の発信機会は限られている中、施策等の情報が極めて短時間に、地域はもちろん、全県、全国に行きわたるのだから、マスコミの力はやはり大きい。それゆえ報道機関との信頼関係は、言い尽くせないほど重要である。

(5) 施策が報道されなくても、あきらめるな！

自治体の恒常的な責務として、日頃から自治体施策の取り組みや推進状況をこまめに報道機関に情報提供するのは当然である。そして、提供の翌日、報道されなかったからといって、すぐにあきらめてはならない。他の様々な情報が優先され、たまたま紹介されない日もある。あるいは、情報提供の仕方にインパクトがなく、記者から見た優先順位が低い場合もある。

担当課の中には、これは良い施策だという自信があるのに、報道機関への資料提供（いわゆる記者投げ込み）をしただけで、ただ取材を待っているだけ、というケースがある。これは正に論外で、猛省を要する。本当に仕事の中身とその良さを売りたいなら、日頃からなじみの記者をできるだけ多くつくった上で、記者に電話やメールをし、施策のねらいや優れた部分をさらに明瞭に語るべきだ。これも言葉力の一つの形である。報道機関に日々寄せられる多くの情報の中、記者が我々の情報を扱ってくれるか否かは、その内容と価値はもちろんであるが、発信する側の熱意によるところもある。また後日、たまたま他の記事ネタが少ない時に、記者の扱いの順位が上がることもある。これもチャンスだ。だからすぐに扱われなくても、決してあきらめずに記者へのアピールを続けることだ。

私自身、他の自治体に例がなく、先駆的で非常に行政効果が高いと確信する施策については、しつこく各記者に売り込むことがある。記者としてはずいぶん迷惑だろうと思うが、そうした提供の仕方をしても、記者からお叱りを受けたことは一度もない。私は、報道機関は「情報を食べる」産業だと思う。日々膨大な情報を貪欲に吸収し、それをエネルギーとして世に発散している。その社会的影響力は大きく、業務の公共性も高い。その彼らにとって、情報は、やはり少ないよりは、多い方がいいのである。膨大な情報の中、どれを食べて放散してくれるかは、報道の自由から、正に彼ら次第である。記者たちの心を揺さぶるような提供内容、そして熱い思いが必要だ。

⑹　誰でも心掛け次第で言葉力はアップできる！

私は子どもの頃、大変口下手で、人見知りをし、友達も少なく、とにかく人前で話すのが嫌いだった。話し方はいつも回りくどく、親にもよく叱られた。多くの人を眼前にしたらもうダメで、話の途中でその場を逃げ出したこともある。

これでは友達も増えず、社会に出てもコミュニケーションに苦しむと思った私は、大学入学後は講義への出席も勉強も最低限で、アルバイトの合い間にひたすらテレビや劇場で喜劇、落語、漫才、そして昔の日本映画を見まくる生活をした。大学が関西地方で芸人文化が華やかだったことに加え、在学した昭和50年代半ばは空前の漫才ブーム。パソコンは普及しておらずインターネットもなかったが、テレビもラジオも実に「おもろい」番組が多かった。

さらに、暇になると学友を4畳半の自分の部屋に常時連れ込み、インスタントコーヒーで長時間、ひたすらあらゆる話題で会話や議論を続けた。そうこうするうちに、大学卒業の頃には、人前で話すことに緊張を感じなくなった。

住民生活に密接にかかわり、あるいは直結する**地方行政では、全ての仕事が説明責任の対象**である。あまねく人々に的確に行政の中身を伝え、担当者が現に打ち込んでいる「公共」の姿、その理想と具体的な施策を、できるだけ多くの人々に知っていただく。そして多くの意見や指摘、批判をいただき、その都度、職員が各自の仕事を自ら改良していく。このたゆまぬ改革プロセスが、地域を担う行政の大きな責務である。そこでは、あらゆる手段を用いての職員の伝える力、相手に届く言葉力が、正に必須となる。

3 広報・発信戦略の極意2 言葉はできるだけ遠くに飛ばす!

広報戦略にはもう一つ、非常に重要な戦法がある。それは、自分の施策について、**できるだけ遠くにその情報を「飛ばす」**ことである。

自治体は今、健康長寿、防災・危機管理、ICT、移住・定住、地域産業の振興、教育の充実や環境保全など、極めて多くの施策を展開している。その中には、世界に冠たる珠玉の施策・事業であるのに、自治体内で必ずしもその価値や成果が高く評価されていないものがある。ところが、その優れた施策が国の内外にまで知られると、他の自治体や国、さらには遠く離れた諸外国や国際機関などから注目や称賛を集め、問い合わせや視察が殺到することがある。

地域住民としては、ある施策が良いものだと何となくわかっていても、世界的にも先駆的で優れていることまでは認識していない場合が多い。それゆえ、遠く国内外の人々から高い評価や称賛を得ていることを知ると、住民はその施策の価値に驚き、改めて高く評価するようになる。そして、このまちに住んでいて良かった、正解だったと思うようになる。

これが自治体広報戦略の真骨頂であり、私は、国境をも越えた施策情報の長距離発信を、職員に強く推奨している。

優れた仕事というのは、具体的にサービスを受ける地域住民ばかりでなく、国内外を問わず、はるかに遠く離れた地の人々の理解も評価も高いものなのだ。

多くの自治体が、まず地域住民への周知に専念し、それが徹底されることを目標とする。しかし真の広報戦略はそこに留まらないし、言葉力も決してそこに留まるべきではない。遠く自治体外部からの高い評価と称賛に、地域住民がその施策の先進性と優位性を改めて感じ取れることは、とても重要だ。

この情報戦略は、各職員がこれまで長く地道に取り組んでいる既存の業務についても、同じく重要である。こつこつ継続して効果の出ている施策だからといって、住民に知られているとは限らない。また、職員がどの自治体でもやっているだろうと思いながら続けている仕事が、実はその自治体独自の先駆的事業だったりする場合もある。これは、その地道な業務を国の内外に売り込んだ結果、判明する。だから、新規事業だけでなく、既存の取り組みも、できるだけ遠くに「飛ばす」ことである。普段はお付き合いのない遠い国の政府や自治体から想定外の高い評価を得て、一躍、その取り組みが世界に紹介されることもある。要は、施策情報の遠距離放射を怠らないことだ。

これは業務そのものではない例だが、私自身の経験で思い出深いのは、市役所に勤務した時代の、市庁舎周辺の定期清掃活動である。藤枝市職員は長年、月に1度のペース、各部局の交替制、職員有志で、勤務時間外の早朝に、庁舎周辺のゴミ拾いや雑草とりを行ってきた。身近な場所からまちをきれいにするという職員の自主的活動であったが、市役所近隣に住む人々さえ、その活動を知らずにいた。ところが私から記者への情報提供で新聞に紹介された途端、市の内外から称賛の声が寄せられた。実際、自主的な定

施策・戦略の情報は、できるだけ遠くに飛ばす！

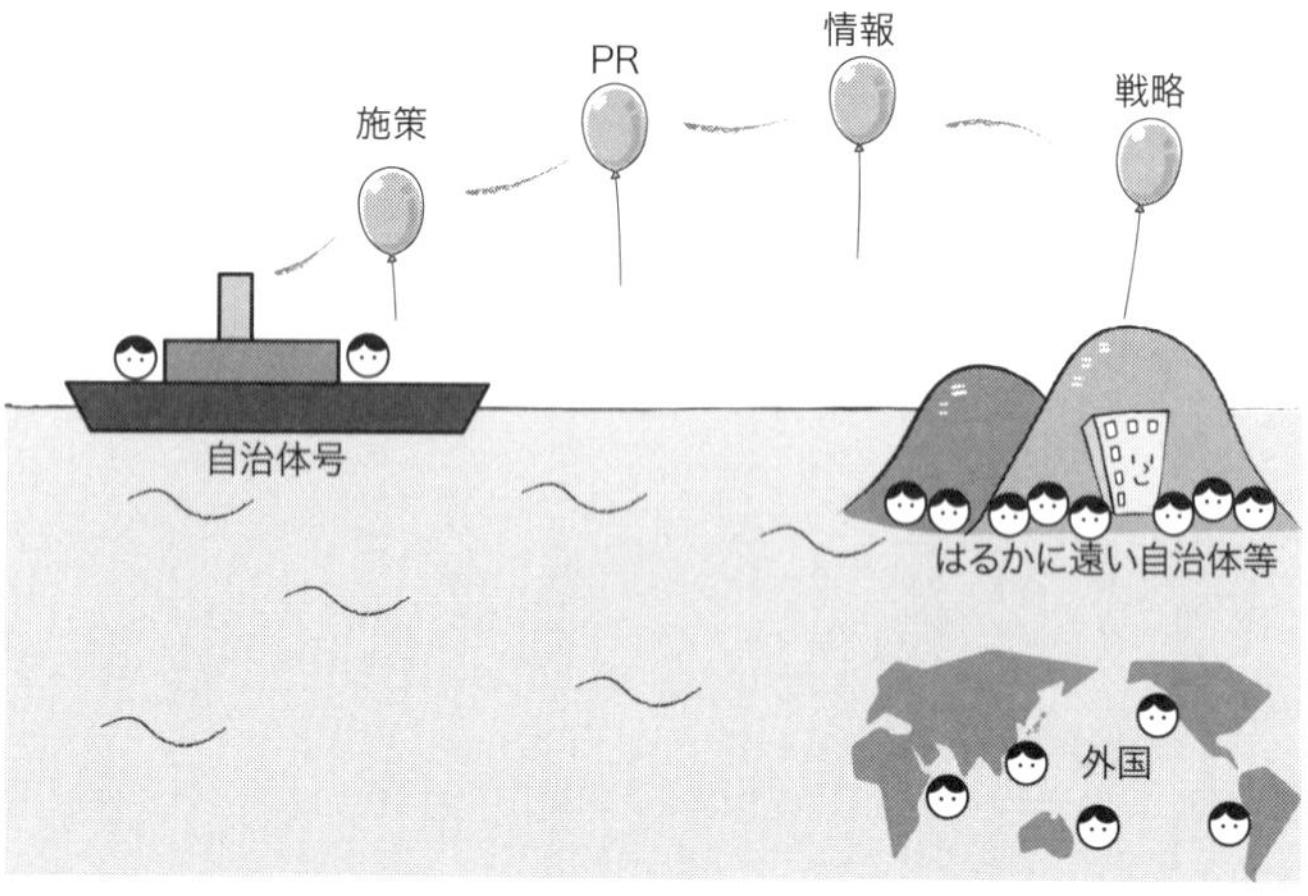

期清掃活動を地域で長く行っている企業や自治体は多い。しかし、情報発信で一歩抜きん出れば、当たり前だと思って続けてきた長年の活動に光が当たって花が咲き、同様の活動に励む他の諸団体の連鎖的な情報発信にもつながる。そして何より、取り組んでいる人々の士気が上がる。

近年の自治体の取り組みや改善行動を見てみよう。一見、派手でないものでも、例えば、次のような価値ある様々な取り組みが全国で行われている。

○来庁される人々の便宜のため、各窓口への導線を色分けし、床に描いた
○各フロアの待合の椅子の色を、カラフルなものに変えた
○庁舎1階のロビーで、地域の人々による演奏会を定期的に開催している
○公民館で行う各種講座の講師を地域で募集し、多くの住民講師を得て好評開講中

問題はこれらを施策・事業として、いかに遠くに、早く、的確に情報発信するかである。これは明解な説明力、つまり言葉力と、関係職員の熱意、それを後押しする管理職(職場リーダー)の姿勢にかかっている。

4 自治体は世界を相手に政策を語る！

それゆえ、自治体が進める諸施策を広報する相手は、今や当該施策・サービスの受け手である地域住民だけではない。世界各国の中央政府や自治体も重要な相手である。世界中にその情報を知らせてこそ、そして世界からその優れた施策が評価されてこそ、施策が地域住民のために大きく生きてくる。理由は明解だ。日本全国、また世界からも高い評価を得た施策をしている自治体だという評判が得られ、当該自治体もその地域も、モチベーションが上がるからである。

例えば静岡県においても、県、市町の健康長寿政策や市町のコミュニティ施策は、世界的に非常に高い先進性を誇るものとなっている。また、総じて日本の各自治体が取り組む福祉事業やまちづくり施策は、東南アジア諸国から見て、かなりの高水準にある。それゆえ多くの近隣諸国が、日本の自治体から何かを学び取りたいと考えている。事実、本県にも、また県内市町にも、毎年、アジア諸国から多くの視察団が調査にやってくる。

こうした自治体の優れてハイレベルな諸施策には、そもそも特許権も著作権も存在しない。だから、自治体としては進んで諸外国にも啓発活動をすればいいし、それを通じて世界的な評価を受けるべきである。これが例えば日本企業の開発した最先端技術だと、外部に漏れることで外国企業などに盗用され、その利に供されることにもなりかねない。ところが地方行政の優れた諸施策は、外国で紹介され利活用されることで、その福利が諸国の自治体及び地域住民のものとなり、しかも情報を提供した我々自治体には何らの損失も生じない。

およそわが国の自治体施策の名品たるものは、国境を越えて多くの国やその自治体に紹介され、好んで採用されればよい。我々の行政施策を各国が利活用することで、より広く、多くの人々がそのメリットを享受すればよいのである。いわば、**住民福利の「世界化」**である。

今日、諸外国への資金援助や科学・産業技術の提供ばかりが国際貢献ではない。**真の海外支援とは、カネだけでなく、知恵の支援である。**

優れた自治体戦略・施策は海外にも積極的に輸出して情報提供し、国境を越えて、自治体間でその福利を分かち合う。そして、より多くの地域住民の暮らしを、さらに豊かなものにする。これは、施策の構築から具体的な実践まで、地域の現場をよく知り、人々の暮らしを日々下支えしている我々自治体だからこそ、なし得ることである。私はこれを自治体の**「戦略輸出（Strategy Exportation）」**と呼び、職員に推奨している。

静岡県が全国で初めて、自治体の立場からの地方分権のあり方とその本県独自の推進方法を英語で解説し、世界に情報を発信したのも、そうした政策的な意図による。この取り組みは、各種報道機関はもちろん、内閣府地方分権改革推進室にも紹介され、国内外からのインターネット検索数も増えている。

今や、自治体として自信と実績のあ

「静岡県の地方分権に向けた取り組み　英語版の公表」

OUR CURRENT STRATEGIES & ACTIONS ON DECENTRALIZATION
市町行財政総合相談窓口
2018
Shizuoka Prefectural Government, Japan
富国有徳の理想郷－しずおか
ふじのくに
1

る施策や事業は、誇りを持って国の内外に向けて発信し、世界にその評価を問うべき時代なのである。

5 住民の反応・評価による職員の達成感と士気の高揚

(1) 自治体の計画案、施策案の公表と住民反応の把握

世はまさに、ICT新時代である。あらゆる情報が一瞬で世界中に拡散する国際社会にあって、当面、最も有効な媒体はやはりSNSであろう。地域住民に着実に普及している情報送受信の媒体であり、人々が自由に、気軽に意見や指摘、批判を述べることができる。ただし、無責任な発言や誹謗・中傷を御遠慮いただく意味では、媒体の使用は記名の方式が妥当である。

行政の計画案や新規施策案について住民意向を把握する手法として、近年、すこぶる評判が悪いのはパブリック・コメントである。役所のホームページで行政の諸案を公表し、役所の指定した様式で住民にコメントを書いていただく方式は、さすがにもう古いだろう。実際、ほとんどコメントがされないか、特に高い関心を持つ特定の人々しかコメント

しない。パブリック・コメントそのものは住民意見の把握方法としてももちろん必要だが、ＳＮＳの活用をはじめ、最新の媒体の動向をつかみ、そのやり方を随時、変えていくことは必須である。

加えて大事なのは、パブリック・コメントだけではダメだということである。役所の新規計画案や施策案を公表した旨を、必ず複数回報道してもらうよう、できるだけ多くのマスコミ関係者に、繰り返し熱心にお願いすることが肝要だ。様々な媒体が常時、急速に進化し続ける社会では、役所のホームページにアップしたら公表したと考えるような職員など、もうあり得ないだろう。公表を「一応はした」「したことになっている」のに過ぎないなら、それは役所の言い訳だし、行政のおごりでもある。どんな施策情報であれ、その存在を知らなければ、人々はコメントのしようがないのだから。

⑵ 「広報したつもり」ではダメ！（知られない仕事は、していないのと同じ）

今や行政でも稼働が常識となっているＰＤＣＡサイクルも、役所の中だけで回していてはダメである。あくまで地域・住民との日常の掛け合いを通じて稼働させるべきで、その重要な機会が、広報や報道による住民への施策・事業の流布、伝播である。これをしないで、いわゆる第三者機関や外部有識者等に仕事の評価を丸投げするのは、極めて安易で、不完全な検証方法だ。むしろ人々には役所の言い訳的な行動にさえ映る。

全ての公務・施策は人々に知られなければならず、**世に知られない仕事は、していないのと同じ**である。地方行政の実務は、具体的に地域内外の多くの人々の評価を経てはじめて検証され、的確に改善されるものである。

(3) 行政の主役は仕事の直接の担当者!

担当職員は、行政として意思決定された公務の黒子ではなく、その具体の遂行の点で、常に主役である。首長の命を受けた仕事の主人公として、社会や地域、個々の住民と関わり、自らが成し遂げようとしている仕事の成果像と、現実の住民、関係団体などの反応を比較し、自分で仕事を評価する機会を持つべきだからだ。この機会が多いほど、職員が仕事に関する思い込みや誤算に早く気づき、軌道を修正するチャンスも増す。

新規事業に関する住民説明会のような機会は、このチャンスとして非常に重要だ。まず、集まった人々の心に届き、「響く」ように、自らの施策を自分自身が選んだ言葉で語ることである。ポイントは、事業のストーリー(よく「物語」と言われる)とわかりやすさ、簡潔さと、担当者たるあなた自身の熱い思いである。これらを明確に伝えるのが、言葉力だ。そして人々の反応を、思い込みなく丁寧に聞き取る。次に、その反応について、仕事の主役としての思いを真摯に語るのだ。上司の指示だとか、役所の決定事項だなどと、逃げたような説明をしてはいけない。だからこそ、あなた自身が真に納得していない仕事は、そもそもしてはいけないのである。

(4) 住民との対話で担当者自らが仕事を変えていく

職員としては、議会の反応はもとより、できるだけこうした地域の声を聞き取る機会を多く持ち、アンテナを高くして、極力正確な住民評価を捕捉すべきである。そして自らが行う仕事の改革は、自らの意思と確信のもと、日頃からまず自分で進めるべきだ。これが本来の行財政改革であり、業務を最も熟知した各担当者こそ、人々のため、より良い優れた改革を成し遂げることができる。

担当職員自らが納得した自分の仕事は、確信と熱量を持って進められるから、職員が人々に語り、説明する言葉も、おのずから思いのこもった、熱と力のあるものになる。これなら相手に届き、人々に響く。

(5) 広報を通じた住民との掛け合いの大切さ

新聞やテレビ、インターネット、ラジオや雑誌、業界誌等のニュースなどで、地域の政策・施策が紹介されると、住民は大いに関心を寄せ、当該自治体の関係者に励ましの電話が入ったり、現場を訪れた職員が住民に激励されたりする。また一方、当該施策・事業の問題点や、関連する課題を住民から突き付けられることもある。

こうした日々の**住民との「掛け合い」**が、公共の活動として極めて重要である。つまり、地域の評価と反応（お叱り、指摘、喜びなど）が、どのくらいわが仕事に向けられるかが、担当職員にとって、非常に大事なのだ。限られた報道紙面や短いニュースだけではその詳細が住民に知られないとしても、これをきっかけに人々の関心がその仕事に向けられ、「日の目を見る」ことになる。

今、取り組んでいる施策・事業が住民にとって本当に良いものか。報道や住民の評価・所見はどうか、具体的にどこが優れていて、何が足りないのか、さらに続ける意義があるか、軌道修正が必要なのかどうか、修正するならどこをどうするか。こうしたことを随時、検証し確認する大きな機会になるのである。

⑹　仕事の中身を多くの人々に知ってもらう喜び

苦労して仕上げた仕事が世に出て、一定の評価が得られた時の喜びはひとしおで、これまでの苦労も辛い思いも吹き飛んでしまう。さらにその成果等が報道されれば、広く多くの人々から反応があり、職員の達成感も実に大きなものがある。もちろん、多くの批判や指摘をいただくこともあるが、そこから謙虚に学び、直ちに仕事の改善につなげていく。何よりその仕事がまず多くの人々の目や耳に届き、知られることが大事なのである。とにかく、知られていない仕事は、批判も指摘もしてもらえない。**人々の反応があり、住民とのやりとり、掛け合いがあってこそ、真の行政である。**

役所のどの業務にも、必ず目的と根拠があり、目指す成果の姿がある。もしそれを担当者自身があまり感じられず、広報的価値もあまりないと考えるなら、そのような仕事は削るか、やり方を変えるべきだ。それこそが住民のために生産性を高める行財政改革である。

「切る・削る」には、おのずとやり方がある。「切る・削る」を錦の御旗に、職員一人ひとりの生産力を高めないまま人と予算を削減しても、何の行革効果もなく、住民にとっては一利もない。しかも、自治体組織全体の士気・活力を落とすことさえある。これは住民にとって、実に大きな損失と言える。

言葉力と施策の伝播、その反応と評価

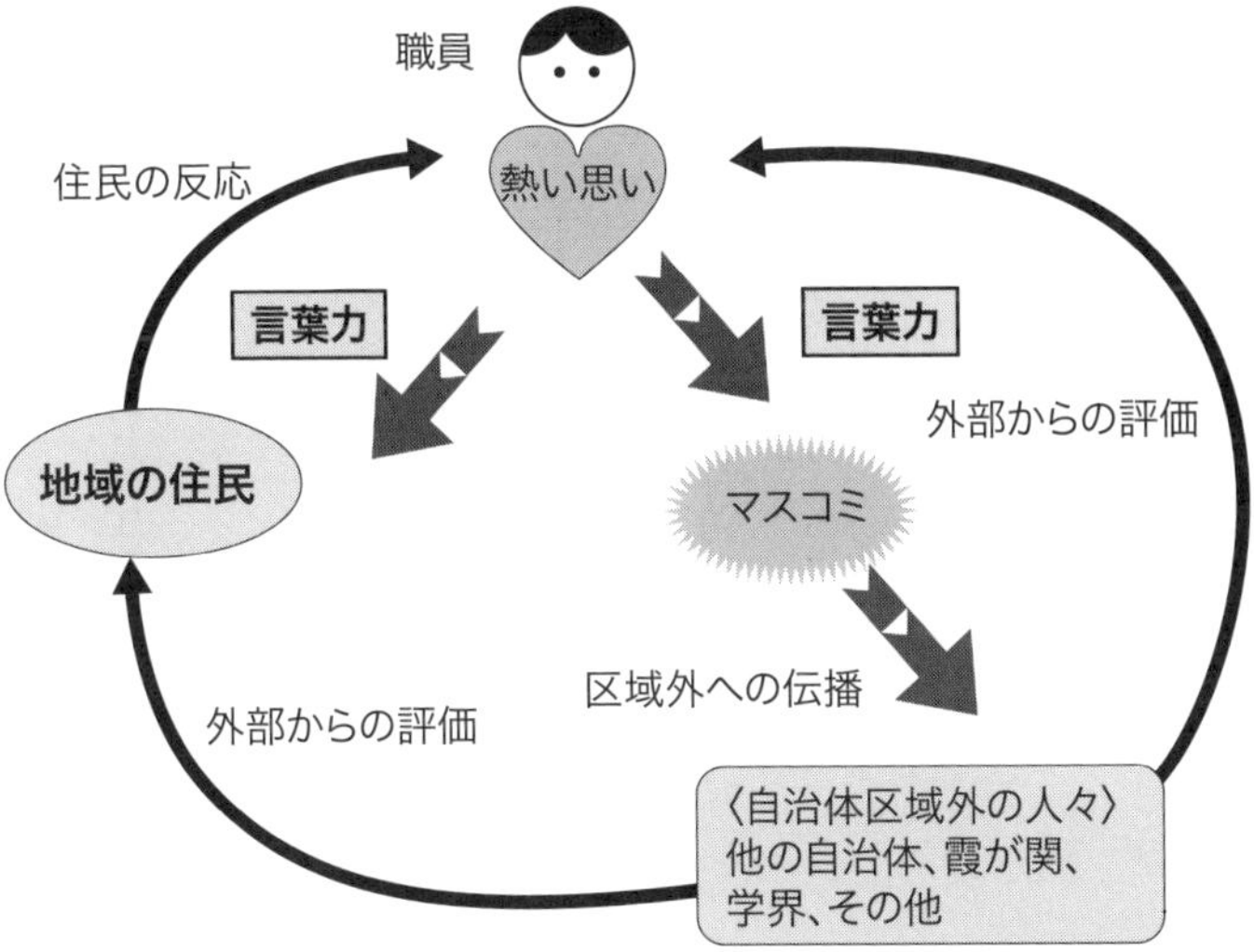

★自己の仕事が広く知られ、様々な人々から評価や指摘がされると、職員の意欲はさらに高まる!!
→自己の仕事の改革、工夫、そして実行とPR
→職員のさらなる達成感、燃える意欲と士気の向上

⑺　職員のモチベーションが一気に上がる！

繰り返しになるが、自分の仕事が自治体の内外に報道され、あるいは業界誌やＳＮＳなどを通じて広く紹介されたり、住民からのおほめの言葉をいただいたりすると、職員の士気は驚くほど高まる。職員に言わせると、その日の夜は最高の晩酌になるそうだ。

そして、その仕事についてさらに考えが深まり、もっとこうしたい、ああすれば良かったという自己検証が進む。地域社会、人々との掛け合いの中で、自己の仕事の位置付けや改良すべき点が、新たに見つかるようになる。改善・改良すべき部分の現事業への反映が早く進み、仕事を通じて社会に資する職員自身のアイデンティティも形成されていく。こうして、公務員としての誇りと自己醸成（もっと社会の役に立ちたい、人々に喜ばれたい！）が、次第に熱量をもって形になるのである。

第3章

「言葉力」で しごとの仕方を変える ～職員自身の「自己改革」

1 自分の「しごと」は自分が変える！

(1) 自分でうまく説明できない仕事は中身を見直せ！

多様な広報戦略の積み重ね（これは常に連打すべきである！）で、各職員の仕事が社会に少しずつ流布されてくると、その仕事の内容や進め方について、職員に自信とともに様々な反省も生まれる。自分が進める事業・施策について、自身の価値判断の中で、これはあまりうまく人々に説明できない、やっていてあまり自信が持てないというものも出てくることがある。

こうした、いわば**「説明不安」の仕事**というのは、おそらくは実際、あまり質の良くない仕事であろう。自ら担当し進めていても、その意義や価値、成果予測が自分でうまく説明できないような仕事は、当該職員にとって、真に自分の仕事になっていないのである。これは、職員自身が十分に納得していない「要注意」の仕事であり、改革・改善若しくは廃止の対象として、早期に上司と相談すべきである。

そもそも自治体の行財政改革は、**「しごと（＝業務だけではなく、自らがなすこと、行**

うべきことの意味で、私はよくこう記載している)」の担い手である個々の職員が、まずは自分の判断で、自ら進めるべきものだ。理由は簡単。その「しごと」を最も熟知しているのは、担当職員だからである。

誰かに「削られた」「やらされた」改革では、公務のプロとして恥ずかしい。担当職員の誇りと責任感に満ちた真の行財政改革が、そこで生まれる。それは公務員としての自己改革の道でもある。

(2) 職員自らが進める行動体系の確立

こうした職業人としてのわが思い(自分は「しごと」をこうする、こうしたい)やプロとしての「矜持《きょうじ》」は、おそらくどの職業においても大事な要素だと思われる。しかし、自治体のサービスは非常に領域が広く、人々の暮らしの基盤を支え、かつ基本的に民間企業などによる代替が利かないため、その劣化は重大な社会的影響をもたらす。

そこで、以下のような職員の意識形成プロセスを、自治体の組織戦略として庁内に構築、確立することが、住民にとって大変重要となる。

〈職員の熱量の高まりを導く組織戦略〉
↓気持ち（精神）の高揚、モチベーションアップ
↓地域にさらに役立つ「しごと」の開発や改良
↓具体的戦略の立案、幹部への協議、地域への早期アクション
↓職員の内心の改革プロセス（自分はできる！⇒やろう！）の構築

こうした職員の志向形成を促す活動は、組織の外部からはすぐには見えない地味な経営戦略であるが、これが形成されると、自治体の組織と経営は一気に強化される。その効果は、将来に向けてゆるぎのない、地域住民の福利増進となって現れる。

(3)　働き方改革は担当者を置いただけではダメ！

自治体を含む多くの業界における近年の過剰な労働時間の増大で、過労死や自殺にまで及ぶ深刻な事案が増え、今や職場の「働き方」改革は、社会的に大変重要な課題となっている。そこで、都道府県も市町村も働き方改革の担当部署または担当者を置くとともに、国にならって規則等で時間外勤務の上限規制を設け、運用を試みている。

しかし、改革の担当部署、職員や時間に関する上限規則を設けても、それで問題が解決されるわけではない。実際に組織全体の空気、雰囲気を変えることが、なかなか難しいからだ。それゆえ、多くの自治体関係者がなかなか実効ある成果を出せずにいるのが現状のようだ。

静岡県内のある市の関係者に取組状況を聞いたところ、同市は数年前から企画担当課に担当幹部を置き、さらに最近、時間外勤務規制を導入したが、一向にらちがあかないと嘆いておられた。同幹部が所属する企画担当課自体が日々多忙で残業の連続であり、担当課やその幹部がいくら庁内全体に声を掛け、時間外勤務の縮減スローガンを叫んでも、庁内の仕事量自体が減っていくわけではないし、職員のいわゆる残業ぐせと、業務への執心（↑これは本来、良いことなのだが！）から、焼け石に水の状態だという。

日々のストレスまみれと超過勤務による睡眠不足で業務の能率が落ち、仕事の仕上げに時間がかかって、さらなる帰宅困難と睡眠不足に陥るという悪循環の問題を認識している自治体職員は多い。

まず、どこから手をつけたらよいのか？

2　簡潔な文書・資料作りのポイント

(1)　若いうちから書類は簡潔・頭脳的に作ろう！

わが国の役所は、古代の時代から文書主義である。文章の書き方、起案の仕方、公文書の管理方法など、およそ文書については、どこの自治体でも職員研修と仕事の現場で諸々教育される。それはもちろん重要であり、公務の基本でもある。問題は、あなたが日々、職場でどんな文書・書類を作っているか、その作り方である。

職員は若いうちから、万事、簡潔・明解に、結論案を冒頭にうたう要領の良い書類・資料作りに注力しなければならない。

最も留意すべきは、**自分の思いであれもこれも文書に突っ込まない**ことだ。自分が企画者である場合も上司の指示による場合も、真面目で熱心な職員ほど、自分の知っていること、得られた情報、データなどを書類・資料に盛り込みたくなる。しかし、首長や幹部職員がそれを求めているとは限らない。特に首長は平易で明解な説明（報告）を求め、そこが職員の力量だと考える。担当者としては、忙しい首長や幹部職員に「これだけは是非伝えたい、知らせたい」、その**最も伝えたい骨子を冒頭で吐き出すことから、書類・資料を作り始める**べきだ。

それ以外の部分や詳細な経過、背景をあれこれ書いても、モノによっては作った本人自身がそれで満足してしまい、その後は当の本人も、そして他の誰もそれを読まない。そんな書類が、求められている住民サービスに直接貢献するのか？ここがポイントである。

狭い役所の中で、日々一生懸命、多くの書類や資料作りに励んでも、その段階では住民に何も具体的なサービスは提供されていない。施策として外部に何も放出されておらず、地域の人々に向けた「しごと」になっていないのである。そこに毎日膨大な時間を使い、住民からは「役所の人間は毎日残業して、何をやっているのかわからない」といぶかしげに言われ、悔しく、また恥ずかしくはないか。私は恥ずかしいし、地域・現場の住民の方々には言い訳すらできない。

極端な例かもしれないが、私はよく病院医師のカルテを例に、職員にこのことを話す。カルテはすこぶる簡潔明瞭で、患者の症状や医師の所見、処方や留意事項が、院内の他の医師でも一読して即座に理解できるように書かれている。そうでなければ、患者の緊急事態に、担当医師以外の医師や看護師が即応できないからだ。要は、**「しごと」のスピード**

と機動性の問題なのだ。

どの施策・事業でも、目的と内容、ねらう成果や効果を記した書類は、1枚、どんなに多くても3枚もあれば十分だ。最も言いたいことが冒頭に書かれ、短文と整理表による箇にして要を得た書類なら、そのまま住民説明にも議会の答弁にも、報道対応にも使える。それは実に便利で、汎用性が高いものである。

自治体職員は、常に地域の現場を担う。長々と庁舎内で議論し、資料ばかり作っているのが職員の仕事ではない。短期間で政策と具体的な事業を立案し、スピーディーに試行、または実施した方が何より住民のためだし、その効果や人々の評価も早くわかって、やりがいが増す。特に住民に常に身近な基礎自治体では、決定までに時間がかかり、住民に見えにくい事業をしていたら、人々の信頼を失いかねない。正に「巧遅は拙速にしかず」で、**「働き方」とは本来、常にサービスを受ける住民の側に立った「しごとの仕方」のことなのだ。**

⑵　管理職は部下に書類を作らせるな！

日々業務が多忙ということだけが原因で、職場の雰囲気が暗くなるとは限らない。しかし「忙」とはその字のとおり、「心」を「亡《な》くす」ことである。毎日、あまりに忙しく、各職員の超過勤務ばかりが延々続くと、職場全体に疲労感、焦燥感がつのり、自ずと会話や議論も減って、黙々と作業を続ける職員が増える。言葉がなくなるほど忙しくなるのは、職員が精神的に追い詰められている証拠である。

残業があまりにも多い部署については、職員配置上の措置も検討すべきは当然なのだが、その見極めと並行して、是非ともまず、やるべきことがある。

それは、管理職や職場リーダーによる日頃の実践行動である。その行動たるや簡単だ。部下に書類・資料を作らせないことである。

正確に言えば、**「もしものため」「念のため」の書類・資料を作らせない**ことだ。真面目な職員ほど書類と資料をたくさん作りたがる。それこそわが仕事だと、つい思ってしまう。そして真面目な管理職（そうなのか？）は上司への説明を完璧にするため、多くの「もしも……」「念のため」の書類や資料を部下に要求する。

しかし、さらに上層の幹部（例えば局長、部長以上）のもとには、毎日膨大な報告書類、資料やデータが届く。組織は上にいくほど所掌範囲が広いから、1つの課で作る資料が増えれば、上層に届く資料はその数倍以上に膨れ上がる。上層幹部は多忙だから、詳細な資料をいちいち見ている暇はないし、そもそも細かな中身はそれほど重要ではない。組織としての総合的な素早い意思決定が必要で、そのための判断材料を早くほしいのだ。だから、資料は簡潔・明瞭なものに限る。

こうした書類において、言葉力はやはり必須である。簡潔・明瞭、一発で読み手（特に経営陣）がうなる言葉があれば、たくさん書き込む必要はない。だいたい、多くの経験や実績を積み、組織の上層幹部にもなって、細かな資料まで読み込まないと決断ができない、資料の細部や詳細データに目を奪われて判断が遅れるというなら、そもそも大した経営能力がないのだから、次の世代に早く席を譲る方が、組織と地域住民のためである。

実際、「もしも……」「念のため」に部下に要求した資料が、作成後、まともに使われる機会はほとんどない。組織の上層にある者ほど、自身の持つ政策ビジョンと具体的な施策、そして当面の経営課題への素早い結論と事業（対応）が求められるからだ。

(3) 管理職に求められるのは「捨てる能力」！

私は若い頃、総理府（現内閣府）の地方分権推進委員会事務局に2年近く派遣され勤務した。この委員会は、平成時代に入って大きく進んだ地方分権の流れをリードし、内閣総理大臣に対して矢継ぎ早に勧告を行うとともに、分権の基本ルールを盛り込む地方自治法の大改正と、それに伴う500本近い行政法改正のベースとなる政府の「地方分権推進計画」作成にも関わっていた。それゆえ事務局には各省庁その他の機関から膨大な関係各法の資料や情報が日々寄せられ、職員はそれらを素早く読み込んで整理し、委員と協議の上、勧告の素案や、その後の分権推進計画の素案を取りまとめるのに多忙だった。

当時、私は同事務局で右往左往しながらの使い走りだったが、この職場で私が驚いたのは、事務局に各省庁から出向していた優れた官僚たちの、膨大な資料・情報への処し方であった。山積みされる資料や文献などを、彼らが次々に読破する力にも目を見張ったが、それ以上に感嘆したのは、彼らがこれらの山から地方分権推進の要素、中心となる部分を素早く取り出し、それ以外のものをさっさと「捨てる能力」であった。その見極めの速さと正確さで、枝葉の部分は躊躇なく捨象し、グイグイと政府の方針素案を取りまとめていくのである。

仕事が増えれば増えるほど、**要素となる部分を早く抽出して整理し、そうでない部分は捨てる力**が必要になる。これは幹部になるほど強く要求されるが、若いうちからの訓練が必要だ。そうでなければ、膨大な資料と情報に自分自身が溺れ、埋もれてしまい、核となるものが整理されず、いつまでたっても方針判断ができなくなる。

だから管理職は、部下が部局長やトップに上げる報告、協議書類に多くの字数でたくさんの資料やデータを持ってきたら、その中核となる要素が何かをまず説明させ、それ以外のものは捨てさせるか、自ら捨てる見本を示すべきだ。そのスピードもまた、大事である。

組織は上層にいくほど、長々と書かれた書類や冗長な報告・説明にはいら立つ。管理職は、多忙な経営陣に的確に報告・相談し、早く結論を引き出すことが肝要で、そのための作業もスピードが必要だ。だから余計な作業は考えず、部下にも命じない。この毎日の心構えが、管理職であるあなたの職場、ひいては組織全体の血流を、スムーズで豊かなものにする。

(4) たくさん書くことは真面目でも職務熱心でもない

以上のことを整理すると、次のようになる。

●資料をたくさん作る担当者
⇓作った本人も、報告後は読まない
●資料をたくさん作らせる上司、管理職
⇓読み切れず、判断にも時間を費やす

●報告を受ける経営幹部、トップ（首長）
⇓とても読んでいるヒマがない
だから、
⇓
結局、担当者を含め、誰もほとんど読まずに終わる！

余計な作業は、一人がやり出すと、職場のほとんどの職員がやり始める。行政として非効率で、組織の業務全体がスピーディーに進まなくなる。特に基礎自治体である市町村では、眼前の住民が待ってはくれない。人々は、たとえ当面の措置でも、役所が早く決め、素早く対応することを求めているのである。

発想（アイデア）↓思考↓戦略の形成は、全て言葉によって整理され、具現化する。その中身は簡潔で明瞭なほど、庁内外を問わず、あらゆる人々に説明しやすく、理解もされやすい。**簡潔な言葉で整理された明解な思想が、明確な戦略を生む**のである。これにキャッチフレーズなど、その戦略のニックネームやキャプションを付せば、立案者の意図はさらに明確となる。公務員には、**常に「発信」を前提とした思考回路**が必須なのだ。

(5) 枝葉を削ぎ落とし、本質を突いた書類作り

地域の政策や事業の本質は元々、単刀直入で明解なはずだ。そうでなければ住民に理解されず、納得してもらえない。だから、書類や資料に、こむずかしいものなど必要ないはずだ。詳細な現状分析作業も、データはどんどん古くなるし、地域の現状や行政需要は、現地に行けば肌で感じてわかるものである。**余計な作業は要するに、管理職が作り出す。**

それより、部下にはもっと現場に行かせ、部下が地域住民と語り合い、自由な発想で政策を立案する時間をたくさん与えてはどうか。管理職であれば自己の豊かな経験則を踏まえ、自らも現場に赴き、部下の作ったわかりやすい資料をもとに、明瞭な意思決定をする。そしてその内容を、経営陣に説明する。その簡潔・明瞭な言葉の力を磨くべきだ。これは職場を経営する者としての「腹」、つまり器量と「懐」の醸成にもつながる所作である。意思決定に関わる組織幹部としての、「しごと」の見極めの早さはとても大事である。

(6) 担当者による協議資料、首長用資料作りのポイント

若手の担当者の皆さんに伝えたい。書類・資料作りでは、自分が作り上げる資料を、お

よそどの局面でも使えるものにすることだ。これが、**「しごとの汎用性」**である。役所では職員各自に専任の職務が与えられるから、あなたが担当する職務の資料は、基本的にあなた以外の人には書けない。しかし、その資料は多くの人々の手に渡る。だから、仲間との協議や上司への説明、部局長、首長への説明・報告、議会や地域住民に向けた説明、さらには報道提供のためにも使えるよう、始めから心掛けて仕込むのである。1枚の資料が業務のどの局面でも使えるのは、経営陣、担当課、また担当者としても実に便利で有益だ。だから、最初からそのつもりで言葉を選び、最少字数で資料を作る。これは、**「しごとの仕方改革」**そのものである。

こうした資料の作り方のポイントは、単純・明解だ。誰が読んでも一目でわかる、大きめの字で行政用語が少ない、短い文と整理表を交えた資料であること。そこでは必然的に、**一発で決める言葉選び**が必須となる。

例えば、新たな戦略（施策・事業）を自分の上司から首長まで説明する資料では、以下の項目に気を配る。

●まず結論（案）…… 何をいつまでにどうしたいか、どうすべきか
●その理由……… それが住民にとって、こういう理由で是非必要だから！
●施策（事業）…… 具体的に行政として行う事柄を、箇条書きにする
だらだらと書かない！
●必要な経費…… 金額とともに、既定経費か、新たな予算化か
●目指す効果…… その事業で「こうなる」と見込む事柄を明確に
●背景や参考事項… 課題や背景、経緯があれば簡潔に
たくさん書く意味はない。書いても読まれない
●関係データ…… 説明上、どうしても必要なら参考として、ただし最小限

これで、A４判用紙で1枚から、せいぜい2枚目の半分だ。少量・簡潔だから上司も首長も一気に読みきれる。そして、他の機会での汎用性も高い。

それゆえ、担当者がこうして作成した資料に、もっとあれを足せとか、上司や首長に聞かれたら困るからこれも書け、などと指示するようなリーダーは、その態度を即刻、改めるべきだ。文字のポイントが大きく、数行の短文と整理表で構成する資料こそ、珠玉の行

政作品である。自治体の施策というのは本来、広く人々にわかりやすい簡明なものであり、そうでなければ人々に正確に評価されない。中身が複雑でわかりにくい事業もその資料も、住民には不誠実なしろもので、「しごと」としては失敗であろう。

上司としても、資料の作成を指示した後、担当者が作り込む前に、「粗削りでいいから自分の思いでまず作り、私に見せてくれ。それで一緒に考えよう」と、あらかじめ声を掛けるべきである。これが職場のスピード感を生み、「しごとの仕方」の改革となる。それには、職場のリーダーや管理職の理解と心構えが是非とも必要である。

3 職場のミーティングをスムーズに進める

職場でのミーティングは、上司を交えて自由な意見交換ができる場である。そうでない雰囲気のミーティングなら、やらない方がいい。話しやすく、本音を言いやすい雰囲気の醸成は、課長や主幹、係長（リーダー）の責任だが、その点はさておき、ミーティングもまた、担当者の重要な言葉力の鍛錬の場である。

うちとけた雰囲気の中でも、端的な言葉の選択で短時間に効率よく行うのが課・係内ミーティングの眼目だ。そこでまずやるべきは、あらかじめ終了時間を決めて厳守し、それに合わせて課員各自の持ち時間を大体決めておくことである。自分が傾注し気合が入る事案・事業については、つい時間を忘れて話し込んでしまうが、各自がそうなると全体の時間は相当にオーバーする。そこで言葉の訓練として、各自が大体の話の時間尺を決めておく。できれば事前にちょっと一人でリハーサルしておくとよい。頭の中で話の段取りをまとめ、自分のスタートから終了までの時間を計るように心掛けると、説明、報告の感覚がつかめるようになる。私も多弁なので、今でも反省しながらやっているが、時計を見ながら時間の感覚を磨くことは、誰でも日頃からできる。ミーティングでは、上司や仲間に配慮しよう。あなたがいかに熱心でも、職場の時間は、職場のみんなのものである。

4 首長、部局長への報告・プレゼンは、ここ一発の真剣勝負！

首長や部局長への業務のプレゼンテーションは、実に緊張する舞台である。この種のプレゼンには、概ね2つのタイプがあろう。1つ目は、これからやりたい新規事業（予算措置を含む）についてゴーサインをもらうためのもの。2つ目は、既に実施して効果があり、成功した事業の説明を幹部職員会議などで行うものだ。いずれも、しごとの中身や効果に十分な自信はあっても、それを手際よく滑らかに説明できるか、首長の理解や評価が得られるか、どんな質問をされるかといった不安が、プレゼンの本番まで続く。

大事なのは、**ストーリー（物語）作りと盛り上がり、そして何より時間の配分**だ。首長・部局長への説明やプレゼンでは、中身がどんなに良くても、長いのはいけない。トップや部局長は忙しいから、与えられた時間を厳守する。言いたいことは前半に言い、以下の各要点だけを説明する。

【プレゼン説明のポイント】

- ●表題、テーマは簡潔に、具体的に何をしたいのか（したのか）
- ●事業の目的は何か、何を目指したのか
- ●実際に行う、または行った具体的な中身は何か
- ●効果をどう見込むか、または住民からどんな反応や評価があったか
- ●これから具体的にどうしたいか

経験的には、首長や部局長が意識を集中して聞いてくれる時間は、最長でも3分である。

もっと時間が与えられていても、せいぜい3分だ。特に、トップや経営陣にインパクトを与え、**中身について好印象を与える「勝負時間」は、最初の1分**だろう。ここに最も伝えたい要諦を持ってくる。コンパクトで明解な説明は、職員の実力そのものであり、少なくともトップはそう認知する。だから、プレゼンでは枝葉を徹底的に削ぎ落とすだけでなく、しごとの目的と、何をしたいか（またはしたか）を、はじめに一言で伝える。鮮烈の一言半句である。課題や背景、議論の経過を冒頭から長々と説明しても飽きられる。話の一文は、主語と述語の間隔を最小限にし、修飾語はできるだけ削ぎ落とす。そして短い文の連続で、たたみかけて聞き手に挑む。

行政用語は漢字ばかりで長いものが多く、言い並べると説明が自ずと長くなるから、私は使わない。トップは行政用語やその意味など、どうでもいいのである。また、日本語は文の最後まで聞かないと結論がわからない。だから一文は短いほどいい。こうしてプレゼンの場では、最長でも3分で完結する説明を行うべきだし、幹部職員会議などを企画する担当課の側も、最初からそのように会議時間を構成すべきである。

ごく限られた時間で、自分が最も言いたいことを、徹底的に絞り込んで話す。資料もそういう書き方に注力する。これは、庁内のどの場面でも重要なＯＪＴ（On the Job

ここでちょっと一息…

施策・事業名は、誰にもわかりやすいのが一番！

事業・施策の相手方は、全て住民である。地域住民が、役所のイメージをいまだに堅苦しくて理屈が多いと誤解する大きな理由に、役所の繰り出す事業名の固さがある。事務事業の呼び名は極力、住民の誰が読んでも聞いてもわかりやすくするのが一番である。

企業や工場の誘致、雇用の創出、様々な社会福祉の充実、教育施策の推進など、地域の人々の暮らしに直接寄与する国の支援制度については、できればわかりやすい表記をお願いしたいものである。そして自治体が単独で行う事業について、このことは必須である。施策は名前も中身も、住民に一発で通じるような、簡明なものにする。漢字だけの表記や外来語は避け、人々の日常会話で使われる言葉を努めて使う。これも、住民に対する大切な「常時的説明責任」と言える。

Training：職場での業務を通じた訓練）の一つである。日頃のわずかな心掛けと練習、そして実践で、誰でも必ずうまくなる。

5 最後まで読んでもらえる計画を作る

自治体が作成する行政計画は多数にのぼる。自治体の基本構想、総合計画から健康、福祉、教育、文化、防災など各分野の諸計画まで、膨大とも言っていい様々な計画が全国で策定され、更新もされている。しかし、これらの計画を見ると、その相当数の構成において、共通するお役所の悪い癖、つまり問題点がある。

自治体が策定する計画の構成は、多くの場合、以下のようになっている。

① 計画の趣旨及び目的、または計画策定の背景や経緯
② 現状の分析と課題、それに関する資料
③ 計画の方針と、基本的な考え方
④ 計画の概要

⑤　具体的な施策と事業の内容
⑥　参考資料

まるでどこかに権威的な「ひな型」でもあるかのように、このパターンで書かれている。しかし、計画の本尊たる④や⑤に至る前に、①から③まで長々と文字と数字を書きつづられたら、読み手は本当に気の毒である。最初の「趣旨、目的」はともかく、延々と続く背景や経緯、現状分析と課題、おまけに関係資料などを読まされたら、もう辟易だ。それで、肝心な計画の具体的コンセプトと施策メニューにたどり着くはるか前に読み手は退屈となり、計画書を閉じてしまう。

計画作りにおいても、行政は**本当に伝えたい中身、最も言いたい結論を、計画の冒頭に持ってこなければダメ**である。読み手が関心を持つタイムリミットは、おそらく読み始めて最初の10秒から20秒。ここで人々をグッと引き付けることが必要なのだ。役所が今一体、何をしたいのか、具体的な戦略と事業は何か、読み手に何を伝え、これから何をしてほしいのかを、冒頭に、わかりやすい言葉で端的に示す計画にすることだ。

ゆえに、構成案としては、例えば以下のようになる。

(1) 計画の方針と基本的な考え方（何を、どうしたいのか）
(2) 計画のあらまし（骨子）
(3) これに伴う具体的な施策・事業の概要（実行の戦略）
(4) 計画策定の背景や経緯
(5) 参考資料：現状の分析と課題及び関連データなど

つまり、前置きは一切、要らないのだ。一番言いたい結論、キモの部分を先に書く。そのように構成しないでわざわざ読まれないように計画を作り、広報の徹底だ、周知だと言っても絵空事である。行政が人々のために、第三者機関まで絡ませ、苦心してつくる計画だ。冒頭で読み手の心を捉え、多くの人々に、おっ、面白そうだ、何だろう、役所は何を考え、どうしようとしているのかと思わせる、単刀直入、明解な構成と熱量のある表現、つまり言葉力が必須である。

計画は、行政がこうしたいという熱き思いを、結論として一発で伝える言葉で始めなければならない。それが作成者、特に担当者の熱と理想の伝導、発散というものだ。策定の背景や経緯などは終盤に、参考程度に添えればよい。**作り手である自治体が目指す思いの丈を、素直に、ストレートに人々に訴えるべきである。**計画策定の担当者は、自分が真に住民に叫びたい言葉を、冒頭で飲み込んではならない。

6 よくわかる住民説明を行う

新規事業などの住民説明の機会において、職員がよく陥りやすい「癖」がある。それは、色々な要素を一度に説明しようとして全体が長くなり、核となる要素の部分がぼけて、役所が何を言いたいのかわからないと住民に思わせる結果を招くことだ。

職員としては事業のPRを兼ね、色々と説明したいことがあるわけだが、住民としては、行政が何をどうしたいのかをまず知りたい。そこをつかまずに、法令や制度の概要、地域・社会の現状や施策立案の背景、経緯から入り、役所が何をしたいか、伝えたいかを話の中盤か、最後に持ってくる。説明が回りくどいから、住民はだんだんいらいらし、集中力も落ちてくる。結局のところ役所が何を一番言いたいのか、我々に何をしてほしいのかという反応になる。

説明者が内容について自己満足に陥り、肝心な、伝える相手のことが見えていない説明。民間企業では、こうしたミスは絶対に許されない。せっかくの商品が売れないからだ。売れない販売戦略は企業の壊滅につながるから、売り込むアクション、特にキャッチフレーズや商品PRについて、企業は常に必死である。ところが行政には往々にして、そうした危機感、切迫感が乏しい。

口頭でも書面でも手話でも、役所が何をしたいのか、それで何が変わり、住民に何を求めているのかを、説明の最初か前段に、一言で伝えなければ説明の意味がない。第一、その後の住民との会話に盛り上がりが生まれない。相手の身になっていない説明は言葉が浮き、流暢に語っても、対話にはならないのだ。だから、多くの説明資料作りに長々と時間をかけるより、人々に最も伝えたいことを現場でいかに簡潔に、明解な言葉で語るかに最大注力をすべきである。

短い文と図表で説明資料を作り、その説明原稿、つまり手持ち資料も、箇条書きやメモ程度の簡素なものにする。何より説明原稿を、絶対に現場で「朗読」してはならない。どんな名文でもそれを「読む」のでは、相手にあなたの心が、熱が、伝わらない。自分が主役として語る事業について、最も言いたいこと、したいこととその効果を一言で言えるよう、頭の中で何回か推敲し、整理しておく。それを説明の場で、**事業にかける思いとともに、自分の言葉で素直に語る**のである。

7 議会の答弁力アップ！

(1) 本会議答弁は超短編の「物語」である

議会の本会議において、自分の担当施策に関して質問の通告をされた。

さあ大変だ、答弁案の作成準備でまた残業だ、というのでは、面白くない仕事になる。住民代表の集結する議会という公の晴れ舞台で、自分の課が中心となって進めている施策について、そのねらいと熱い思いを語る、絶好の機会が与えられたと考えるべきだ。

事業担当者として、わが施策をどうアピールするか、地域課題に今どう対処しているか、さらにこれから具体的に何をしたいか。普段、苦労して進めている自分の仕事の中身を、議会を通じて住民に示す。これは正に、**わが「しごと」を披露する檜舞台**である。

地方議会は、公の場として行う政策議論のフォーラムである。そこに招かれる当局としては、自治体における政策議論の素材等を提供し、具体的な施策の推進状況や今後の進め方などを伝える絶好の場となる。当局が**「常時的な説明責任」**を誠実かつ戦略的に果たす、最も重要で、有効な機会だ。だから、質問を受けたら喜んで、当局担当課（者）の思いを簡潔、的確に、そして熱く語るべきだ。担当課の職員としては、言葉力鍛錬の大切な好機である。

担当者としては、聞かれた内容に答える以上に、当局の施策の意図や効果の可能性を、情熱を持ってわかりやすく、簡潔に作文することが肝要だ。地に足のつかない美辞麗句などは禁物である。耳当たりのよい空論では、質問議員も議場の他の議員も、議場を訪れる傍聴者も納得しない。役所言葉、人々に馴染みのない法律用語や行政用語を使うのも、住民にわかりにくいだけで、時には聞き手に対して不誠実な態度とさえ受け取られる。

議会本会議での答弁案作成にあたり注意すべき基本事項としては、以下のことが挙げられる。その流れはいわゆる「起承転結」という単純な構成にはしない点もミソである。超短編の物語としてのストーリー性を考えれば、当局が最も主張したいヤマ場は、むしろ中盤か、それ以降に持ってくることになる。

〈議会本会議用　答弁案の構成例〉

●質問を受けた施策等の社会的必要性とその目的（当局が目指す方向性）

●地域の現状と課題（今、何が問題なのか）
●そこで具体的に当局はどうしているか、またはどうしたいのか
●施策等を行うことによる、当局が考える理想の社会の姿
●それを確信し、当局が情熱を持って、さらにまい進することの宣言

いまだに議会、特に本会議用の答弁作成に長々と時間をかける自治体幹部は多い。しかし、議会の答弁では、元々各部・各課で懸命に取り組んでいることや協議・議論していることを語るのだから、文案作成に多くの時間など掛かるはずがない。**議会答弁は、当局の普段の業務を披露する機会だ。**自然体で熱く、簡潔・明解に書けばよく、そもそも残業して作るようなものではなかろう。そして、議場は基本的に口頭による弁論の舞台であり、当局が論文を音読する場所ではないのだから、話し言葉として修飾語を廃し、住民に聞きやすく、一文一文を短くつづることである。

少し例示しよう。以下は、私がかつて関わった静岡県議会本会議答弁の最初のたたき台の例である。国の第32次地方制度調査会（平成30年）における、地域の新たな圏域行政の議論について、部内の最初の答弁試案は次のようであった。

「県といたしましては、国における議論を待つことなく、さらに厳しくなると予想される社会経済環境の中、市町と危機感を共有しつつ、市町と協働して地域課題の解決に努めますとともに、広域圏単位での行政運営が的確なサービス体制を維持し、または高める有力な選択肢であることから、市町との信頼関係に基づく県のリーダーシップにより、水道事業の広域化や公共施設の共同活用など、県民幸福度を高める広域連携施策に鋭意取り組んでまいります。」

答弁したい要素は一応、揃っているが、これでは訳がわからない。何より、一文がひどく長い。こうした答弁案作成上の「癖」は、実に多くの自治体で見受けられる。一文で全ての答弁要素を盛り込もうとするので、自ずと長くなる。議員や学識経験者、報道関係者などは元々関連知識や情報があるから一応はわかるが、議場を訪れる一般傍聴者には皆目、わからない。そこで、修正後の実際の本会議答弁では以下のようになった。

「これまでの地方行政の歩みを振り返りますと、圏域行政に関する新たな法制度が創設されただけでは市町間の連携が進むことはなく、合意形成に向けた努力が不可欠であると認識しております。圏域単位での行政運営は、地方自治体がサービス体制を維持する上で、今後、益々有力な選択肢となると考えております。そのため、国における議論を待つことなく、行政経営研究会等を通じて、市町と危機感の共有を図るとともに、全国の地方行政の在り方を牽引していくとの気概をもって、取り組んでまいりたいと考えております。」

なお、先のたたき台を、口頭などで施策として住民の面前で語る場合は、以下のようになろう。こちらの方がさらに自然である。

「県としても、国での議論を、ただ待っているというわけにはいきません。社会経済の状況は、これからもっと厳しくなります。市町と危機感を共有し、市町と一緒に、地域で起こる様々な課題の解決に努めます。そして、複数の市町で協働して進める仕事についてもよく議論します。これは広域で的確にサービス体制を保ち、中身を良くする有効な方法の一つです。県は市町との信頼関係のもと、リーダーシップを発揮したい。そして、いま大きな課題となっている水道事業の広域化や公共施設の共同活用など、人々のくらしに直結し、満足度を高める広域的な連携を、懸命に進めてまいります。」

⑵　本会議や委員会では答弁書を「朗読」するな！

議場や委員会室でよく見かけるのは、当局幹部が答弁や説明を「朗読」する姿である。ただ読むだけの原稿なら、それをそのまま質問議員に手渡せば済むとさえ思われる。しかし、議会運営は基本的に口頭による弁論主義で成り立つ。弁論に対し、弁論で答える場である。国会や地方議会における丁々発止の自由な言論舌戦、ディベートによる政策議論は、かつて西欧で専制君主に生命を賭して自由を求めた市民・国民議会に由来する、近代市民社会の歴史的結実の一つとも言える。

議場における当局職員は、自信と誇りを持ち、自らの弁論として答弁すべきだ。議場は自治体の意思決定に関わる重要な政策議論の場であり、弁論による言葉力を存分に発揮する場である。だから、そこで紙面の「棒読み」はなかろう。答弁原稿を暗唱できないなら（それは大抵、無理である）、せめて原稿紙面は机上に置いても、さも読んでいるようには見せないことである。**答弁書は真に自分の言葉として、自分が議員、そして住民に語るように読む**べきだ。

首長はさすがで、自身のビジョンや思いを、誇りを持って自由に語る。その姿こそが頼もしい。正に、弁論を携えて行う議会での本来的な行動である。だからその部下、幹部が、原稿を両手で抱えて朗読、なかんずく棒読みをするなど、住民の代表機関である議会に対しても、上司である首長に対しても失礼であろう。議場を訪れた傍聴者も、当局幹部が答弁原稿を両手で抱え、ぼそぼそとただ文字を追い音読しているのでは、内容如何にかかわらず、つまらない答弁だなあと思ってしまう。それではせっかく答弁を作った部下・担当者の思いも、熱も伝わらない。聞き手の心に、ビシッと届かないのである。

簡潔・明瞭な答弁書とともに、答弁者の迫力と熱量は極めて重要である。原稿を読んでいるように感じさせない答弁、**自分の思いや情熱を、元気に声を出して伝える答弁**は、行政当局としての重要な説明責任の一つだと私は思う。

(3) 委員会での答弁は簡潔・明瞭に元気な声で!

それでも実際の議会本会議では、最初の一答は当局が丹念に練り上げた答弁書を「読む」のが一般的だ。しかし、舞台が委員会となると、委員たる各議員から多くの様々な質問が矢継ぎ早にされるから、基本的に当局の説明員は、その場で即答しなければならない。

ここでも、大切なことがある。

委員会での答弁では、以下に気をつける。

●よく聞こえるように元気な声で、簡潔に答える
●経緯や背景、つまり前置き（序論）は要らない
●聞かれたことに、まずストレートに答える
●つまり、長々と答弁しない

私も反省することしばしばであったが、特に委員会ではどうしても答弁が説明的になり、誠実に答えようと力が入って、ついつい長くなる。これがいけない。質問議員は長い答弁でも最後までじっと聞いてくれるが、端的に結論を答えてもらう方がやはりいいのである。どういう答弁を当局から引き出すかも、議員としては腕の見せ所だから、それに即した簡潔で明確な答弁を求めるのは、ある意味、当然である。まず、簡明に答えることだ。

だから答弁には前置きも経過説明も要らないし、詳細な中身は議員が大抵、次の質問で聞いてくれるから、そこで答えればいい。

当局幹部は、説明員として住民の代表機関である議会に招集され、議会のルールの中で、真摯に対応する立場である。議場や委員会室は、当局幹部の講演の場ではないことに留意

すべきだ。

8 非常事態で発せられる言葉力の大きさ

地域の緊急事態、特に災害発生の可能性が高まる事態においては、言葉力が住民の命運を左右することもある。

近年、わが国の気候は大きく様変わりし、大規模災害が起こりやすい気象状況が続いている。中でも平成30年7月の歴史的な豪雨（西日本豪雨）は未曾有の大水害を引き起こし、西日本を中心に多くの方々が命を奪われ、官民の様々なインフラにも膨大な損失が生じた。

この時、大きな問題となったのは、気象庁が過去最多の9府県に大雨特別警報を発し、関係自治体も懸命に住民に避難を呼び掛けたのにもかかわらず、避難せずに自宅にいて土砂災害に遭ったり、車で移動中に濁流に襲われたりする人が続出したことである。

そこで、人々が豪雨災害時にとるべき行動をできるだけ直感的に理解できるよう、政府は5段階の大雨警戒レベルを設定し、令和元年5月29日から運用を始めた。その目的は、自治体が発令する内容が、どの程度の切迫度があるのかを段階別に数字化し、各々の発令でどんな人が逃げなくてはならないかをわかりやすく示して、逃げ遅れをなくそうというものだ。

気象庁は「土砂災害警戒情報」や「大雨警報」などの防災気象情報にこの5段階レベルを付して公表し、市町村も避難勧告や避難指示にこの各レベルを付して

土砂災害警戒情報・大雨警報などの防災気象情報

発信の種類	住民への拘束力	自治体から住民への発信内容
避難準備・高齢者等の避難開始	弱い	事態の推移により避難勧告や避難指示（緊急）の発令が予想されるため、避難の準備を呼びかける。要援護者等、避難に時間を要する人は避難を開始する必要がある。
避難勧告	中程度	災害による被害が予想され、人的被害が発生する可能性が高まった場合に発せられる。居住者に立ち退きを勧め、促す。
避難指示（緊急）	強い	災害が発生するなど状況がさらに悪化し、人的被害の可能性が非常に高まった場合に発せられる。避難勧告より拘束力が強い。

高い ↕ 低い

大雨警戒レベル	住民がとるべき行動	自治体の発令内容	気象庁の発表
5	命を守る最善の行動を	災害発生情報	大雨特別警報 氾濫発生情報
4	避難	避難勧告 避難指示（緊急）	土砂災害警戒情報
3	高齢者等は避難	避難準備 高齢者等避難開始	大雨警報 洪水警報
2	避難行動の確認	—	大雨注意報 洪水注意報
1	災害への心構えを高める	—	早期注意情報

住民に知らせる。

人々の命の危険度を数字にして知らせる方法は、確かにわかりやすい。しかし、数字レベルを示しても、その意味する中身と命の危険の程度が具体的に伝わらなければ、人は容易には行動しない。こうした重大情報を住民に発しても、それが直接、自分の命の危機につながることを認識できないのは、認識できない人ばかりが問題なのではない。人々に生命の危機が迫っていることを明確に示すのは、それを発する側の、**具体的にその人を動かす「言葉」の力、言葉のインパクト**だからだ。

気象庁は「重大な災害の発生する恐れが著しく高くなり、特別警報を発表する可能性」をはじめ、各レベル相当の危険度の高まりを広域的に示すところまでが限界だ。それゆえ、自治体、特に市町村が同報無線や自治会経由、あるいはSNS等で提供する情報内容は、数値レベルとともに、できるだけ具体的、かつ明瞭でなければならない。

緊急情報を伝える「防災アプリ」は官・民から数えきれないほど世に出ており、災害発生の可能性に関する地域情報は、市町村内の具体的な地区ごとに、かなり正確に把握できるようになった。しかし、住民の多くが取得できるそうした情報を、具体的な避難などの**行動につなげる行政の「決めの一押し」**が必要な時がある。危機的な状況で、人々の重い腰を上げさせ動かすのは、明解な役所の「言葉力」だ。それが人の生死に直接関わることがある。地区住民に具体的な危険度、特に命の危険がはっきりとわかる言葉で繰り返し呼び掛けなければ、人はなかなか動かない。そして、その後に襲ってくる非情な災害の後、「まさかこんなことに……」という大きな嘆きが被災地を覆う。

全国の全ての市町村が、こうした緊急事態に際して実に機敏に、かつ懸命に対処しているが、直接、人の命にかかわる事態では、一切の抽象的表現を避け、**簡明な、具体的行動を起こさせる言葉**で警告する必要がある。

「◎◎地区の皆さん。間もなく○○川があふれます！　洪水になります！　命の危険があります！　一刻も早く■■公民館まで避難してください！　自宅で保管している水や食料があれば、持ち出して避難をお願いします。」

「□□地区では間もなく△△山で土砂崩れがおきます！　家に居ては危険です！　直ちに家から出て、▲▲集会所に避難してください。」

つまり、どの地区のどの川、どの山が具体的にどのように危険だから、こうしてくれという、簡明で直截的な表現が必要なのだ。

近年よく言われる「数十年に一度の○○……」というのはいわば統計数字のようなもので、生活者にはピンとこない。ところが日頃親しんでいる近くの川が溢れ、裏山がもうじき崩れると聞けば、これはわが身に迫る一大事だ。そして危機に際して人に行動を促す言葉は、何より**短文の命令形がベスト**である。どうしようかと迷っている人は、その強い一言のインパクトに衝かれて動く。

緊急災害情報は、このように発する言葉に具体性と断定性が増すほど、空振りになる可能性が高まる。避難勧告や避難指示の空振りで、役所は住民にお叱りを受ける。しかし、地域住民が生きていて無事だからこそ、叱ってもらえるのである。人命が助かれば、役所としてはただ頭を下げ、結果的な空振りを人々に深く陳謝するのみだ。お叱りを受けても本望と言える。

9 若手職員は自らの思いと熱を吐き出す「自我」を持て！

係長から、「こういう資料を作ってくれ」と言われて作る。課長から「この結論」を導くための書類を要求される。課長の要求には無理があるとは思ったが、とりあえず職務命令だから、それに従う。

担当者自身の判断や考えが、職務経験や情報の不足のため誤っている場合もあるのだが、その担当者が何度考えても、また、他の考慮すべき要素や情報などを勘案しても、やはりこれはおかしいと思ったら、全ての指示に愚直に従う必要はない。違法な指示ならもちろん従う義務はないが、あまりに理解や納得ができない指示には、**担当者として、自分の意見を率直に言おう。**たとえ最後は上司に押し切られても、自分の考えは言おう。なぜか。「しごと」は、指示を受けた担当者自身が、自分の思いと責任を持って進めるものだからだ。

あまねく「しごと」は、たとえ全部でなくとも、どこかの部分は自分が納得して行うべきだ。上司の命令だからやるのではない。**自分が必要だと思うからやる**のである。そうでなければ、真に自分の「しごと」にはならない。貴重な税を原資としつつ、各職員が自身の価値判断を持って公務を進める姿勢は、とても大切である。職員は、施策に関する思いや理想、その具体的な手法について、常に自分の考えを持っているべきである。

私自身、そうであった。公務員人生の中で、上司から特段、理不尽な指示を受けたことはなかったが、納得できない点、おかしいと思った点は、上司や幹部に必ず食いついた。

実に扱いにくい部下だったであろうが、私はいつも考えていた。やるのは自分だ。自分が責任者。だから自分で理解し、一点でもその価値や意義があることを納得して「しごと」をしたい。そうすればその「しごと」は全てわがものになる。自分のハラで消化でき、最後まで自信を持ってやり尽くせるのである。私は頑固にその姿勢を貫いてきたので、担当してきた「しごと」に不本意なものはなかったし、失敗は次の「しごと」の糧となった。第一、ストレスが溜まることがなかった。

納得がいかないまま、ただ愚直に行う対応や措置。指示の意味や行政上の効果がよくわからずに作る資料。自分が聞いたら了解しないであろう住民説明会用の原稿。これらが続き、積み重なると、担当職員の疲労は増し、一体何のためにこの仕事をしているのかと迷うようになる。その迷いが解決しないまま、さらにそんな仕事ばかり続けていると、いよいよ職員の疲労はピークに達する。だんだん、登庁するのが嫌になる。月曜日が怖い。火曜日も行くのが嫌だ。そして……ついに本当に来なくなる。

公務は、職員が行う。我々は全て、命によってのみ動く「公畜」ではなく、一人ひとりが「考える公務員」であり、責任ある「しごと」の執行者である。しごとは職員自身がその意義と価値を理解し、納得した上で行うべきだ。そこに公僕としての価値と誇りがある。

これは**公務員としての「自我」の確立**である。自分の理想や思い、その「自我」を中軸に置いたしごとをする姿勢がないと、ただ業務に流され、指示されたことのみに傾注し、日々の仕事に埋もれ、自分で考えることがなくなる。自分の職務なのに、自ら判断をしなくなる。思考が停止し、上司や幹部の顔色に敏感になり、ちょっと叱られるとすぐ縮み込む。職務の意義と価値を見失い、精神的にも不安定になる。

こうして体調を崩している人に、私は言ってきた。**あなたの「自我」を持ちなさい。自分を信用し、あなた自身をしごとの中軸に置きなさい。**自分で考え、どうしても納得のいかない中身の業務なら、それは納得がいかないと言いなさい。命令があっても、自分の理想と価値観に照らし、自身の発想も生かして動きなさい。そこにあなたの描く、公務員としての展望が開けてくる。それを大切になさい。ただ愚直に幹部や上司に流される（それも実は、決して楽ではないが）のではなく、公僕、公務員としての自分の思いを持ち、必要だと思ったら主張をしなさい。業務は上意下達でも、自我というものを、あなたのしごとの中軸に置きなさい。

また、上司としても、部下が納得できるような指示を出すべきである。あなたの部下は優秀だ。あなたも優れた管理職であるはずだ。上からの指示を単なる伝令ゲームで部下に伝えるのでは、管理職としての知恵も誇りもない。上からの指示の理由と意図を見極め、管理職自身が考える指示の理由と、部下にしてもらう具体的な中身、その価値または効果を部下に明示すべきだ。そして、もしそれがどうしてもできないような上からの指示内容なら、あなたもまた、指示した幹部にきちんと問い合わせるべきである。そもそも公務とは多様なもので、正解が1つとは限らない。

別に上司への忖度ばかりが公務ではなかろう。しごとの相手は眼前にいる地域住民であり、真にこの人々のためになるのか、自分でそのしごとに、公務員として納得がいくのか否かが何より重要なのだ。

第4章

管理職の「言葉力」が組織を活性化する

1　5つの言葉行動で職場の雰囲気が変わる！

(1)　管理職が行うべき5つの「言葉行動」とは？

組織の活性化、そして強靭化に向けて最も基本的かつ重要な、管理職の責務とは何だろうか。それは明解である。組織内の個々の職員の士気を上げるか、または決して下げないよう、日々そのための具体的な行動に注力・専念することだ。逆に、これができない管理職は、そもそも管理職の資格がないと私は思っている。

必要な管理職の行動様式は、いたって簡単だ。言葉による、次の5つの基本行動である。

- ●日常の「挨拶」を欠かさない
- ●日頃から部下に「声を掛ける」
- ●部下のしごとに「感謝」する
- ●部下を随時「励ます」
- ●会話の最後に声をあげて「笑う」

たった、これだけだ。ただし、思いついた時だけでなく、毎日、一連の行動として、欠かさずに行う。この基本行動の合間に、部下へのアドバイス、指導や説諭を適宜行う。簡単で明解である。

全ての職場で、その風土と環境は管理職が創る。職場の空気は、管理職が創るのだ。仕事のための心地よい雰囲気づくりと風通しづくりは、全て管理職の責任であり、当然の義務であることが最大の眼目である。

(2) はじめの一歩は日常の「挨拶」から!

職場、ひいては組織全体を活性化に導く最初の一歩とは何か。

それは、**日常の挨拶**である。正にこれこそが、基本中の基本である。私が以前、県内のある大学で講義を行い、自治体経営の強靭化についてこの話をした時、学生たちは一様に驚きの表情を見せた。そんなことで、組織経営が強化されるのか、と。

たかが挨拶、されど挨拶である。組織経営の基本は、一日のスタートを、明るい挨拶で始めることである。特に経営陣や管理職が留意しなければならないのは、相手から挨拶される前に、こちらから挨拶することだ。幹部や上司に挨拶されて無反応の部下はまずいない。また、若い人たち同士でも、誰かれを問わず、姿を見たらまず挨拶をすべきである。この挨拶の輪は意外と簡単に、しかも早く庁舎内に伝染し、組織内で良い空気を広げる最初の好手段となる。

私が現在勤務する静岡県藤枝市は、北村正平市長の徹底した指揮のもと、経営改革を次々に進め、都市の勢いが大いに増しているが、同市役所は挨拶についても非常に徹底している。朝の職場、市役所を訪れる人々に向けてはもちろん、庁舎内や、職員が駆けつける現場のいたる所で元気な挨拶が行われて気持ちがいい。私のいる部署でも、朝、フロア全体に響きわたる大きな声で、元気よく挨拶して登場する若い職員がいるが、実にさわやかで、私ももっと大きな声で挨拶しなければと思うことがある。朝の爽快さと職場の士気をつくるのは、挨拶である。

役所の来訪者に向けた元気な挨拶だけで、住民の評価が変わる。気持ちよく挨拶されて、機嫌を損ねる人はまずいない。職員同士も、元気な挨拶が習慣化するとそれが当たり前になり、むしろ毎日しないと気分が落ち着かない。私も、廊下ですれ違う全ての人、遠くにいても姿を見た人に、誰かれを問わず必ず挨拶をする。声掛けに遠い位置なら、笑顔で会釈する。それだけで、交わした双方の気分が良くなる。仕事帰りの挨拶も同様である。互いの労をねぎらい、「ありがとう」「お疲れ様」の言葉を交わす。私などは挨拶のついでに、「月曜日からあまり飛ばし過ぎないで帰ろう」とか、「週の半ばは早く帰ろう」「週末だから早く帰って美味しい晩酌を」と、結局毎夕、部下に「帰ろう」コールを放って退庁する。若い職員に言わせると、それだけでずいぶん気持ちが楽になるそうだから、言った私の方が驚く。

日々の挨拶と、ついでの「声掛け」。これだけで、職場の空気は日を追うごとに、確実に変わる。これこそが自治体の組織を強くし、経営を強靭化するための、はじめの一歩である。

(3) 管理職は見られている～その雰囲気、気配りと矜持

管理職が職員の側、つまり各シマ（島：係、スタッフ）の方を向いている理由は何だろうか。部下の動静を掌握し、部下を管理し、必要な指示を行い、任された組織の経営を行うために向いているのであるが、こちらが部下を見ているということは、部下もこちらを見ている。**管理職は部下職員たちから常に観察され、時に厳格に査定されている**ことに、十分留意すべきである。

部下は相談、報告や決裁などの必要から、上司の動向を日々注意深く看視している。報告、決裁や相談の予定のある部下職員は、朝、管理職（課長、部長）が出勤してくる様子をまず観察し、機嫌はどうか、体調はどうか、接触のタイミングはどうかなどと気を使う。だから、報告や決裁、相談を各部下から受ける管理職として、仕事を部下とともに早く成功させたいと思うなら、「さあ、いつでもどうぞ」と部下に黙してても心から伝えるような「気配」を示すべきである。

管理職も人間だから、朝、出掛けに家族と口喧嘩があったり、二日酔いだったり風邪気味で体調が悪かったりすることもある。しかし、管理職は複数の部下を持ち、与えられた権限の中で自分の組織（課、局、部）を経営し、地方行政の大きな

管理職は、いつも見られている！

一翼を担っているのだから、そうした個人的な事情をできるだけ部下に見せない方がいいだろう。これが管理職の「矜持」であり、管理者としての組織経営の基本と考えるが、いかがだろうか。

こうした配慮や姿勢は実のところ、上司と部下の上下を超えた人間関係の問題に尽きる。組織内で職位・職責においては対等でない人間関係にあって、上司としては特に、その対等ではない部下の立場に立って考える瞬間が必要である。ここを無視し続けると、例えばパワー・ハラスメントのような、ヒトとして相手の気持ちを考えずに行動をとる上司になる。要は、上に立つ者の基本的な**「察し」**と**「思いやり」**の欠如が、組織内で様々な問題事案を引き起こすのである。

(4) 日常の声掛け~管理職の言葉力が職場、組織のあり方を決める!

管理職としての自分の思いは、**自身の日々の実際の行動で部下に示せばいい。**日々のわずかな実践あるのみだ。自分の経営方針や考え方を、部下に力んで説きつけてもダメである。まずは部下に、進んで声を掛けること。これから始めよう。

声掛けの中身はいたって単純だ。仕事の具合はどうか、はかどらなくて困っていることはないか、このところ残業が多すぎないか、新任なら、仕事や雰囲気に慣れてきたかなど、業務に関することなら何でもよい。

仕事が苦しく厳しいのは、住民の暮らしを日々支える自治体行政なのだから当然で、それを今さら説教めいて部下に語る必要はない。苦しい時こそ知恵とアイデア、そして工夫が大切になる。それをあなたが一人で考えるのでなく、若い人にもちょっと声を掛け、職場の皆で、つかの間でも意見交換して考える。ヒントを得たら、改めて課内で協議する。まとまったら、早く試行に移す。議論だけでなく、とりあえずやってみる。そういう姿勢で管理職のあなた自身が日々臨み、そのような職場風土を、リーダーであるあなたが創るのだ。あなたが自分の思いで進める職場経営に、座学は必要ない。

若い担当者の政策・事業に対する熱い思いが萎えたら、あなたの課は危機に陥る。その危機は、課長の椅子から見えない所で、徐々に進行する。だから、政策・事業の担当者として最も腕をふるい、住民のために仕事に励む若い職員の理想や考えを、上がってくるのを待っているのでなく、こちらから先に、穏やかに少しずつ聞き出すのである。

課長から聞かれたら、担当者は皆、正直に答える。「全然まとまっていなくていいんだよ」と言えば、さらに自分自身の思いも徐々に話すようになる。次に、そうした思いが係で共有されているかどうかを係長に聞いてみる。もし若手の施策や仕事改善のアイデアが採用されないなら、なぜか、何が問題（障害）なのか、その打破は本当にできないのか、役所内外での協議次第なのかを聞いてみる。そして、別に会議などしなくてもいいから、少しずつ意見交換をしてみる。

要は、まず若手に声を掛けながら、さりげない会話の中で良いアイデアが見えたら励まし、冗談は自ら時々、若手に振って笑い（ここですべっても全く構わない！）、課内協議や決裁の合間に、職位と関係なく課員と直接語ることである。これは私の職務経験から、また尊敬する上司から得た日々の作法の一つであるが、これを課長であるあなたがほんの2か月程度続けるだけで、上司である部局長も驚くほど、課内の雰囲気が変わる。職位を超えた、話しやすい、相談しやすい雰囲気、その土壌を管理職自らがまず創るのである。何気ない上司との会話や同僚に向けた冗談から、とてつもない施策のアイデアが浮かぶ瞬間を、私自身もたくさん経験し、それらを実践してきた。日常の対話、コミュニケーション、時には愚痴や不満などの感情の吐露さえ、無駄話ではなく、新たな地域戦略、重要施策のきっかけとなり得るのだ。

課長席に長く座っている必要はない。あなたの席が空いていても、そこに他の誰も座らないから大丈夫。臆せずに、**まずリーダーが自ら動いてみる、やってみる**ことである。

(5) 感謝、励ましと笑い〜人は心理で動く感情の生きものだ

職員の心の躍動、精神の高揚を、各部署の業務評価指標にすることができるだろうか。私にはできない。そもそも職員の情熱に値段をつけることはできない。職員がこう働きたいと思う気迫、日々向上したいと願う渇望の度合いは、数値化できない。

人は心理で動く感情の生きものであり、日々の仕事で努力してきた事柄についてほめられたり励まされたりすれば、自ずと気持ちが高ぶる。士気も高揚する。これが繰り返され、かつ課内や部内で連鎖していくと、思いのほか短期間に組織全体のモードが上がり、職場の雰囲気が明るくなる。

ここで大切なのは、管理者の毎日の行動だ。部下を鼓舞し、できた点を、まずは具体的にここが良いとほめる。問題点はその後に指摘し、そして励ます。この一連の行動を単純に日々行うことで、職場の雰囲気は大いに変わり、みるみるうちに風通しが良くなっていく。

そして、職場の一人ひとりの力（その力には、実は多少の差はあろうが！）が評価され、

目立ってくると、職場の中に爽やかな競争意識も芽生えてくる。

もともと、ヒトは誰かの役に立つことに無上の喜びを感じる動物で、これは成果の有償・無償を問わないようである。ヒトの大変不思議な特徴であるが、この単純かつ明解なヒトの精神構造に働きかけ、職員を日々鼓舞することが、ひいては組織全体の生産性を大きく高める有効な手段であることに、いまだに多くの経営陣が気づかないか、わかっていても実行しない。

管理者に最も求められるのは、まず、いの一番に、**組織の「風通し」を創る**ことである。これは組織の上層にいる管理職だからこそ、早くできる。いわば管理職の特権なのだから、それを活かそう。そして何よりも、不機嫌な顔をして部下に当たるのは、最悪・無能で劣悪な管理者の典型行動であることを心に刻むべきだ。管理職は家庭で嫌なことがあっても、たとえ二日酔いでも、職場ではまずは「笑う」。一通りの課内協議の後、あるいは部下を叱った後でも、最後は大きな声で笑って励まし、「ありがとう」「ご苦労さん」と言おう。そして元気づける。それが管理職の矜持であり、貫禄であり、本来業務であることを知るべきだ。

⑹　職場の空気は、こうして創る！

例えば、あなたが新任の課長として、ある部に配属されたとしよう。上には、仕事のこまごました中身にとても厳しく、あなたを叱る部長がいて、下には、丁寧に仕事をするが部下に厳しくあたる係長がいたとする。自分の上司と部下が厳格、厳密に仕事をこなす(それは良いことだが!)ので、課内は常に緊張状態だが、会話が少なく、合間に冗談を飛ばすような雰囲気もない。課内は日々、静まり返っている。残業も多く、一日の仕事が終わり、部長やあなた、そして係長が帰った遅い夜に、ようやくほっとしたように若手の会話が課内に出始める。

さて、あなたはどうするか。

あなたとしては正に、チャンス到来である。この状況をどこまで自分の力で変え、課内の「空気」をつくり変えられるか。色々な作戦やアイデアが浮かぶだろうか。あなたのリーダーとしての経営の力量が試され、発揮される絶好の機会である。

まずは、朝夕の挨拶である。あなたから先に部下に挨拶する。先手を打たれて挨拶されたら「おう」とか「うん」ではなく、その挨拶より大きな声で「おはよう」や「お疲れ様」を返す。部下から報告書類が上がる。協議資料が上がり、相談される。あなたが了解し、あるいは課としての結論が出た時、そこであなたは部下に何と言っているか。「了解」「わかった。よろしく」だけではない。**そこに一言、「ありがとう」を添える**のである。

仕事なのだから自分に協議や報告するのが当たり前だと思っている管理職に、部下への感謝の言葉はなかろう。しかし、部下は住民のため、上司たるあなたに協議や報告をするのである。人々への奉仕のための部下の行動に、ねぎらいの一言くらい掛けてはどうか。部下はそれだけで報われた気分になる。その協議結果が地域のために成果として生きれば、なおさらである。**組織幹部として部下をねぎらう態度のない者に、大した成果はついてこない。**

そして、仕事の合間に、というよりあなたの仕事として、部下に「声掛け」「励まし」、そして会話の後では「笑い」を加える。

この声掛けや励ましは、部下の職位とは関係なく行う。課長のあなたが、一番若い人と時折話すのである。この若手が仕事を一番よく知っていて、日々どうしたいかを考え、あるいは課題を感じて悩んでいる。是非、形にしてみたいと思うアイデアもあるかもしれない。それを、ほんの雑談の中から聞き出していく。

次にその先輩職員、そして最後に係長の順に、「声掛け」「励まし」「笑い」で迫る。あなたと職位が違うから、部下たちも最初は遠慮や躊躇がある。しかし、そこはあなたの行動次第。雑談や冗談という日頃のちょっとした所作で、特に若手が変わる。これは管理職であるあなたのしごとだ。窓口業務が中心で雑談風情が許されない課もあるが、部下と会話する隙間は、どんな課でも必ずある。時間と機会は使いようである。

ここでちょっと一息…

職員から大きな力を引き出す「言葉の力」

もうずいぶん昔の話になるが、私が県選挙管理委員会で担当書記をしていた時の、今も忘れられないささやかな思い出がある。

ある年に参議院議員選挙があり、公示日も近づいて書記は皆、大わらわ。担当課の職員は、ほぼ総動員となった。

この年に、若手であまり仕事の要領の良くない職員が課に配属になっていた。彼は素直な性格で人当たりも良く、温和。ただ、仕事の呑み込みが早いとは言えず、時間についてもややルーズだったので、上司や仲間うちの評価はあまり高いとは言えなかった。

選挙管理の仕事は、担当課の総力を挙げて行う。ミスは絶対に許されない。選挙資材の担当だった私は、この彼にも、印刷会社の倉庫に出向いての投票用紙の仕分けと市町村選管への引き渡しの仕事を頼んだ。丁寧に頼んだつもりだったが、内心は一抹の不安があった。ところが、仕分け・交付作業の当日、駅のホームに一足早く着いた私は驚いた。その彼が、準備万端、誰よりも早く駅に着き、私のために30分以上、待機していたのである。

この日の彼の活躍は素晴らしかった。作業は県内有権者約300万人分の複数種類の投票用紙を、正確に市町村の有権者数ごとに分包して地域ブロックごとに積み置き、時間厳守の上、順次市町村選管に引き渡すというもの。1枚たりとも投票用紙の紛失、汚損は許されない。各市町村に引き渡す時間帯も決まっているから、初夏の印刷会社倉庫内は、冷房完備でも全員、汗だくで緊張の連続である。その中で、彼は率先して大量の投票用紙を正確に仕分け、積み上げて多くのブロックをまとめ、玉の大汗をぬぐいもせず、実にスピーディーに立ち働いた。おかげで作業全体が予定より早く終わり、市町村への引渡しも手際よく終了。彼としても面目躍如である。

職員全員が彼の活躍に驚く中、私は大きな声で彼をほめたたえ、そして感謝した。朴訥でも懸命に仕事をこなす彼の大きな長所を見たわけだが、彼は私の称賛に、「山梨さんに頼まれたから」とだけ小声で答えた。作業日の前に、私が彼にどう頼んだのかは記憶が薄いが、こう言ったのだけは覚えている。「これはミスができず、時間にも追われる大変な作業だ。あなたの力が、是非とも必要なんだ」

人は個性のある生き物だから、性格の面でも仕事の面でも、長所もあれば、短所もある。弱いところを叱るのもいいが、優れた部分を引き出し、職場でその力をいかに見せてもらうかが、先輩や上司の技量とも言える。これは特に、日頃の言動、特に「言葉力」にかかっている。声を掛け、時に励まし、そして笑うことである。上司から良い所をほめられ、皆に評価されたら、職員のはりきり方は、がぜん違ってくる。そして、何の長所もない人は、実はこの世に一人もいないのである。

2 職場で情報を共有するための言葉力

(1) 管理職は、本当はこれだけやればいい

住民のために日々行う行政活動の中で最も重要なことは、組織内の全ての職位における情報の共有である。これは的確・精緻な行政執行のために、欠かせない、いわば「しごと」

を決める全ての土台と言える。ところが、組織内で職場の風通しや雰囲気が悪いと、この肝心かなめの情報共有ができなくなり、徐々に組織全体が機能不全を起こすようになる。しかもこの機能不全の進行は、組織の中からも、そして外部からも、はじめはほとんど見えない。

(2) 情報共有のための具体的な庁内行動

庁内の事務効率を上げるため、内部での説明や情報共有にも、技術的な留意事項がある。管理職なら誰もが熟知していることであろうが、私も部内には、以下のことを推奨してきた。

●上司から部下への連絡や指示では？

a 「連絡」と「指示」とを分ける。伝えたい情報と、具体的な指示は、区分して話す。

b 指示内容は、その目的とともに明瞭に示す。要は何のため（何に使うため）、具体的にいつまでに、何をしてほしいかである。

●部下から上司への報告、相談、レクでは？

a 目的と結論案を先に、経緯や情報は後に。これは資料でも口頭説明でも同じ。

b　組織の上層に行くほど扱う案件は多く、しかも多様だから、資料は厳選して最小限に。

c　上司としては、平時なら部下の説明を最低3分間はきちんと聞く。

●会議や打合せでの説明では？

a　それが何のための集まりかを必ず冒頭に示し、参加者のスタートラインでの意識を揃える。

b　開始時に終了時刻を宣言し、厳守する。

いつでもなかなかこうはいかないが、いずれも基本的な所作である。

(3)　優れた管理職は、聞き上手である

私も仕事柄、多くの報道関係者とお付き合いがあるが、いつも感心するのは、やはり彼等が大変聞き上手だということだ。職業として当然なのかもしれないが、彼等は情報が豊富で諸々話題に事欠かないのと同時に、相手の話を引き出すのが実にうまい。こちらが好きなことを長々としゃべっても、最後まで、とにかく丁寧に聞く。「はい……、はい。な

るほど」と穏やかに相槌を打ち、こちらの話をさえぎらず、決して止めない。正に職業的に鍛え上げられている。こうした、まず素直に相手の話を聞くという姿勢・態度が、どうも組織の管理職になると、部下との関係では失われやすくなりがちだ。

部下の側にも簡潔明瞭な、高い説明力（＝言葉力）が必要なのは当然であるが、仕事のスキルが高く、多くの情報と知識、ノウハウを身につけた管理職ほど、部下の話を最後まで聞かない。話を途中でさえぎり、自分の自信と思いで主張を始め、そして結論を急ぐ。

即断・即決は管理職にとってもちろん必要な要素だが、判断が早いことと早合点とは大きく違う。上司が部下の発言をさえぎった瞬間から、部下は気遣って、それ以上を話さない。提示された資料と途中まで話されたこと以上の部下からの情報は、そこで途絶える。これは実は、非常に危険なことである。

自ら断ち切った、不完全な情報による思い込みや一人合点は、管理職として、つまり組織として大きな判断ミスを引き起こす危険がある。ことが重要案件なら、部下のみならず組織全体を巻き込んだ誤断により、行政全体に損失を及ぼす可能性もある。かの戦国武将、武田信玄は城内の意思決定で徹底した合議制を採り、必ず側近全員の話を一通り聞き終えた後で自分が発言し、判断したというが、かような天下の名将でなくとも、いわば組織的な危機管理の側面から、相手、特に部下の話はまず一通りは聞いた方がいい。せっかちな性分でそれがどうしても無理なら、平時はせめて3分間でも。全ては行政の誤判と失敗を、その大小を問わず、極力避けるためである。

⑷ 仲間の言葉を聞く真摯な態度が必要

私のように人生経験が不足で大した知識を持たない者でも、年間数人程度、職員からの相談を内々に受けることがある。仕事や職場の人間関係などの悩みである。相談者は若手から管理職一歩手前の職員、そして管理職まで様々だ。とにかく丁寧に聞いて、自分の経験や考えを率直に伝えてきたが、職場の中でこうした相談ができる自然な環境づくりはとても大切だと思う。私自身、職場で職員から諸々相談を受けることは本当に光栄であり、相談してくれる職員には深く感謝している。

職場の雰囲気が悪くて暗いと、その中にいる人にはなかなか相談しにくいものだ。そうした悪しき職場の雰囲気も若い頃に経験している私は、「あの、実は……」と声を掛けてくれる職員に、丁重に応じている。解決の自信があるわけではないので、アドバイスをするというより、一緒に考える。相談者と知恵を出し合い、少しでも道筋が見えたら、互いにほっとする。心にほのかな光がさすことに、お互いが喜びを感じる。私自身が大きな幸せを感じる瞬間である。

職場には時折、聞こえない「声」がある。それが「叫び」に変わっても、聞こえないことがある。職場の陰鬱で暗澹とした空気は、その声や叫びをかき消し、あるいは遮断する。職場の空気を明るく醸成することで、管理職にも、その声や叫びがよく聞こえるようになる。**職場の空気は見えるのである。**このことは組織経営上、また経営戦略上、極めて重要である。

3 若手職員の言葉から経営改革や新たな戦略が生まれる

わが国の自治体組織は、そのほとんどが年功序列の雇用方式を採っている。歳とともに多くの経験と知識が蓄積され、それらをもとに打ち出される戦略や、施策・事業などのノウハウは大変貴重であり、私の経験からも、年功序列の組織が生み出す行財政効果は、非常に大きなものがあると思う。しかし、若い職員たちからすると、自分が課長などの管理職や部局長などの経営陣に加わるのは、入庁して20年〜30年後ということになるから、若手の組織経営への関心はどうしても薄くなりがちだ。自分の今の仕事と自治体経営とは、直接の関係がないと思うようになることもある。でも、それで本当によいだろうか。

若手職員に、組織経営や自治体そのものの経営を考える機会はないのか。思うに、自治体行財政のあり方や組織経営に関する職員のビジョンは、課長や部長になったら直ちに自然に湧き出るというものではない。今日、職員の採用試験はことのほか難しいが、それを突破して入庁してくる新入職員は、必ず何か、自分の理想とする自治体像や地域政策への思いが、ぼんやりとでもあるはずだ。それは若い頃の私にもあった。そうであるなら、若いうちから自分の属する自治体の経営や政策のあり方を自由に議論できる場を組織が提供し、若手に意見や提案をしてもらい、生かせるものは組織として経営手法に取り入れ、良い戦略案は事業化すればよいではないか。

若手職員による「プロジェクト・チーム」は今、全国の自治体で少しずつ内部制度化されてきているが、経営改革手法としても、人財育成手法としても大変効果的である。静岡県内でも、平成21年から藤枝市が先駆的にこのスタイルを採用し、若者の様々な提案を事業化して大きな施策効果を上げてきた。自治体経営は、首長一人で行うものでも、経営陣たる部局長、課長だけが行うものでもない。常に組織の全員で行う、あるいは全職員が下支えして進める**「総力戦」**だ。この意識がとても大切だと思う。

藤枝市がこの制度を始めた当時、ある大学の経営学者から、こんな疑問を呈されたことがある。

官民を問わず、組織はピラミッドで構成されている。若手の意見をいちいち聞くようになると、組織の階層運営に乱れが生じないか。つまり、組織内の戦略の意思決定のルートやプロセスに、影響や支障が生じないか、という疑問である。

私の答えは、こうである。自治体組織は地方自治法により、その構成を条例に定めることが要求されている。つまり、意思決定をするための組織階層は法定されており明瞭だ。だから、若手の意見を採用し施策化することについて、組織構成が乱れたり混乱したりすることは、制度的にはあり得ない。

もう一つ、実働面で、組織の意思決定プロセスを乱さずに、この制度を具体的成果に導くテクニックがある。それは、若手チームの中から様々な改革意見が出た際、後見役たる部長級の幹部職員が、チームの最終提案の前に、提案（事業化）の対象となる関係の各部課長と協議を進め、あらかじめ理解や了解を得ておくことである。そうすれば、チームが首長に提案した際、関係部局が「寝耳に水だ」と驚くこともないし、既に内々了解されている内容だから、各課での施策・事業化に、特に抵抗もない。役所が元来得意とされる「根回し」（私はこの言葉が嫌いで、「事前調整」と言っている）を、ここで内部的に発揮するのである。こうして若手職員からの提言は、首長に晴れて手渡された後、確実に施策として実行される。これは、関係部局管理職の理解と協力、そして知恵の結晶でもある。

4 「査定型」の上司と「協働型」の上司

管理職（概ね、課長以上）の部下への対応を大雑把に2つのタイプに分けると、**「査定型」と「協働型」**があるように思う。査定型の上司とは、自分の経験則、知識量に自信と誇りがあり、そのレベルに至らない者は未熟と考え、部下に徹底鍛錬を要求するタイプ。おおよそ自分のレベルに達するまで部下を指導・教育しなければならないとの強い使命感から、部下が考えた施策案を、まず思う存分に叩く。それから這い上がってきた部下の努力と案を認め、形にすることを許す。こういうタイプである。

一方、協働型の上司とは、自分の理想や戦略手法に自信と確信はあるものの、部下が上げてくるアイデアや施策案をまず聞いて、ある程度納得したら、部下と一緒にその施策を練り上げ、形にしようとする。上から査定するのではなく、あくまで協働構築者、時に指導者として、部下の考える理想とアイデア、施策への思いを汲みながら、部下との議論を通じ、部下とともにそれを事業化しようと試みる。

皆さんがこうした2つのタイプの管理職の部下となるなら、どちらがいいと思うだろうか。

職員が自治体で管理職になる頃には、相応の年齢に達している。それまでに身に付けた知識や経験はかなり豊富で、到底、若い部下たちの比ではない。その管理職が、部下の未熟でつたない施策案を、コテンパンに打ち負かすことなど簡単だ。しかし、散々言い負かされた部下は、自分の案やそれに込めた思いを否定され、ひとたびがっかりするのは当然である。それも教育の一つだという意見もあるだろう。だが、私は、部下が考えの甘い、未熟な施策案を提示したとしても、その中に少しでも光るモノがあれば、とりあえずその部分は評価したい。そして、それを活かすため、自分の経験則や知識から、こういう方法があるのではないか、あるいは別の視点から見たらどうか、施策の中身をもっと絞った方がいいのではないか、などと、一緒になって考えて部下と会話する。

だから、「査定」はしない。アイデアを否定せず、活かせるモノは活かすという構築型の志向で部下と「協働」する。その方が、部下の自信と誇りが保たれ、管理職の知恵や知識、経験がストレートに部下に伝わり、作業として手間も時間も大いに短縮できる。どちらが効率的で生産的か、考えてみてもいいのではないか。

5 職場を「変える」～静岡県経営管理部地域振興局の戦略例

ここで、職員の言葉力を引き出し、効果的に活用した具体的な改革の一例を挙げよう。

私のかつての職場でもある静岡県経営管理部地域振興局の改革成果を紹介したい。市川敏之局長（平成30年度当時）以下、幹部による職員意欲向上への取り組みは、一貫して日常の「声掛け」「励まし」「笑い」をベースとしていた。そして、これらの相乗効果で、風通しが良く明るい職場の雰囲気を日々醸成しながら、市町との協働による課題解決型の地方分権への取り組みや地域コミュニティ施策の推進など、多くの実績を上げた。

平成30年秋には、職員の言葉力をさらに高め、明るく士気の高い職場の「空気」を創るため、職場のレイアウト改革にも挑戦した。

ほとんどの自治体、また霞が関でも、職場レイアウトは大体決まっている。入室すると管理職が一番奥に、そこから手前に向かってシマ（島）と呼ばれる机の集合体が縦に並び、末席の職員が来客を迎える。これが昔ながらの伝統的なオフィス形態である。
この改革チームは、経営管理部行政経営課との緊密な連携により、局内の各業務の性格と実践内容に合わせ、そのレイアウトを「対話」のしやすい機能的な配置に大きく変えた。
特に予算化はせず規定経費の枠内での改革で、同年11月にスタートしたその戦略内容は、以下のとおりである。

強靭な地域づくりと市町行政にさらに寄与する!

〈静岡県経営管理部地域振興局の新たな戦略〉
~目的志向型のオフィス戦略によるレイアウト改革~

●その心は?　ねらいは何か?

コンセプト1

↓市町や地域振興関係者との「対話」を通じて、地域づくりや市町振興をさらに大きく進める効果的・効率的なレイアウトに。

コンセプト2

↓紙媒体を縮減、電子決裁を本格導入し、情報を共有しやすいレイアウトに。風通しの良い職場環境で職員のアイデアを生かし、志高く県民に奉仕する機動力豊かな人財を育てる。

〈効果〉

●市町、地域、県民に開かれたスペースで、職員間の会話と来客との豊かな対話
⇓開放的な明るい空間で、職員の機動力をアップ
⇓目的に応じた導線やスペースを確保
⇓働き方改革と戦略的な施策の素早い立案で、人財育成を図る

目的志向型のオフィス戦略によるレイアウト

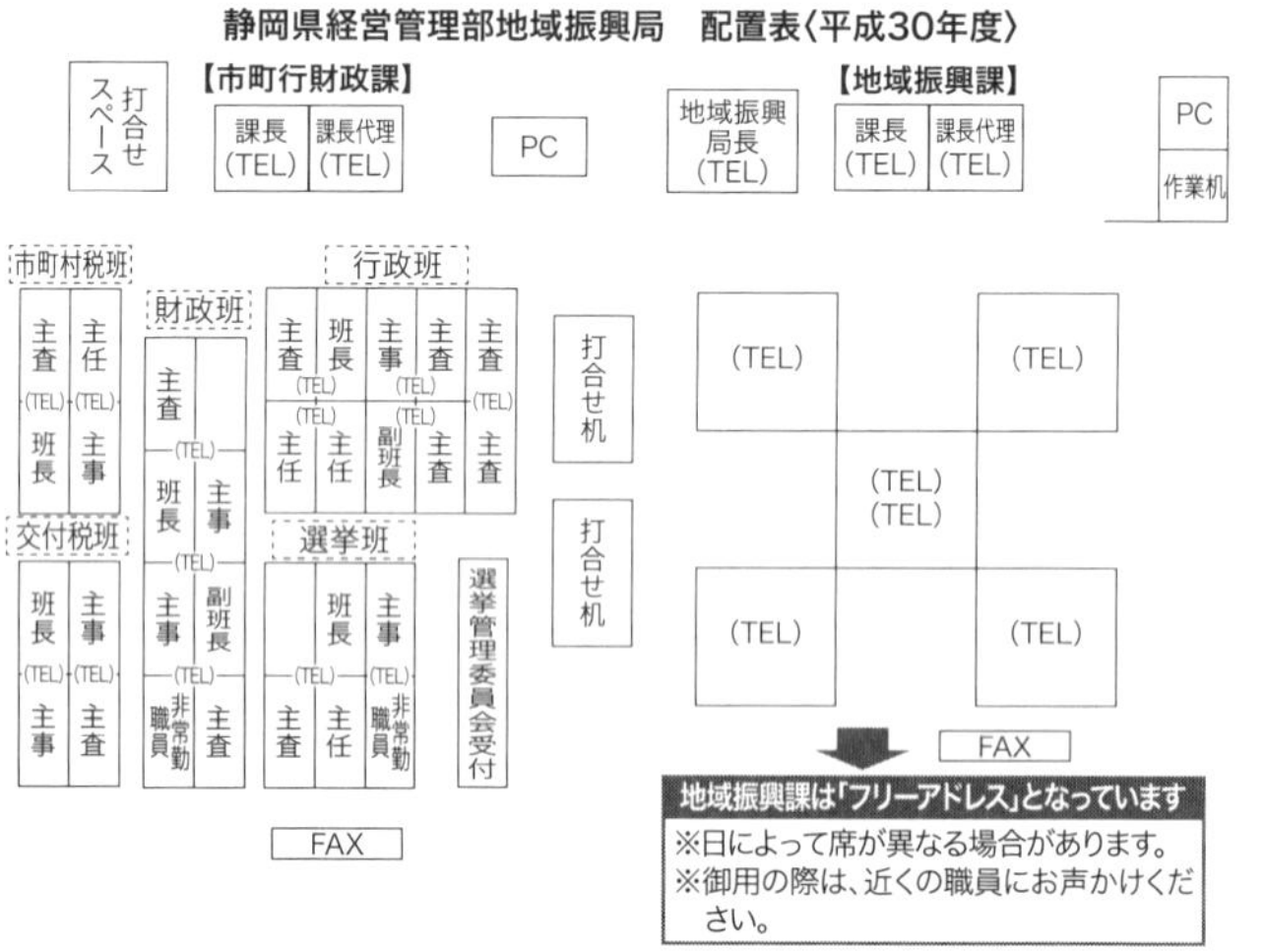

まず、職場の見通しが良くなり、局全体がよく見えるようになった。乱立していた書類の山々は大幅に整理され、フリーアドレスや各班の配置変更で、幹部と若手の会話と議論が増えた。そして何より幹部からの日々の「声掛け」「励まし」がしやすく、職員の士気がさらに上がり、業務能率がアップして、時間外勤務も大きく減少した（改革前年対比で、概ね30％～50％の減）。

県民、市町、地域のために真に必要な施策を、幹部も若手も一緒になってワイワイと、会話を通じて議論する。そうなると、少ない会議室を取り合って確保し、中で長々と議論する必要もなくなる。日常業務の会話の中で、様々なひらめきやアイデアが出てくるからだ。そして、日々様々な来客と意見交換を重ね、効率よく施策・事業を仕上げて実行している。

職場の空気は、管理職次第で、実に大きく変わる。毎日長時間を過ごす**業務のための空間は、職員だけでなく、具体的なサービスの受け手である地域住民にとって、非常に重要な要素**なのである。住民のためのあらゆる政策と事業がそこで議論され、誕生し、放出されるからだ。

植物は、日々丁寧に育てて活かすと、見事な華と香りを世に放つ。組織の人財もまさしく丁寧に育み、その美と輝きを引き出すべきである。

6 組織のコンプライアンス、内部統制を確保できるか?

(1) 職場の「空気」を創るのは管理職の最大責務!

管理職や職場のリーダーがガミガミと部下を怒鳴り、部下の話をよく聞かず、誤りは叱り飛ばすが、部下の実績や努力はほめない。顔が怖いだけならまだよいが、いつも何となく不機嫌で、滅多に笑わない。このタイプの管理職の醸し出す、いかにも暗い雰囲気が、どれほど職場、組織に劣悪な影響を与え、職員の士気を落としているか、当の管理職はまるでわかっていない。わかっていないからもちろん、改めない。

このような職場では、徐々に部下・担当者が上司や上層部に都合の悪い情報を上げなくなり、担当職務での失敗やミスも報告しなくなる。そして、ついに周囲にも話さない。これが月日を経て積み重なると、最初はごく小さな問題だったものがだんだん肥大化し、いずれ大きな組織運営上の不具合を生じる結果となる。その典型が、次に述べる「不祥事」の発生である。

⑵ 内部統制の難しさと国・地方の動向

平成29年6月の地方自治法改正に伴い、翌年7月に総務省の「地方公共団体における内部統制・監査に関する研究会」が公表した「地方公共団体における内部統制制度の導入・実施ガイドライン」（以下、「ガイドライン」という。）によれば、内部統制とは、基本的に、次の4つの目的が達成されないリスクを一定の水準以下に抑えることを確保するために、業務に組み込まれ、組織内の全ての者によって遂行されるプロセスをいう。

① 業務の効率的かつ効果的な遂行
② 財務報告等の信頼性の確保
③ 業務に関わる法令等の遵守
④ 資産の保全

そして、内部統制は、6つの基本的要素から構成される。

① 統制環境
② リスクの評価と対応

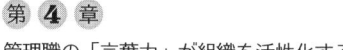

③　統制活動
④　情報と伝達
⑤　モニタリング（監視活動）
⑥　ＩＣＴ（情報通信技術）への対応

この定義を踏まえれば、ガイドラインにもあるように、自治体における内部統制とは、住民福祉の増進を図ることを基本とする組織目的が達成されるよう、行政サービスの提供等の事務を執行する主体である首長自らが、当該組織の目的達成を阻害する事務上の要因をリスクとして識別・評価の上、迅速・的確な対応策を講じることで、事務の適正な執行を確保すること、ということになる。

ちなみに、自治体の内部統制とは何かを私なりに表記すれば、以下のようになる。

●自治体の内部統制とは、自治体が活き活きと豊かな理想・目的を持ち、着実な財務と財政基盤のもと、それを住民のために効果的・効率的に成し遂げ、優れた成果を生み出してゆくため、その阻害要因を自律的に除去する具体的な取り組みである。

各自治体は内部統制の充実・強化について既に様々な方策を立てて取り組んでいるから、自治体としてはこうした定義等による内部統制の基本的枠組みに基づいてこれまでの取り組みを整理し、体系化する。そして必要な改善、改良を進めることで、自治体の組織目的を一つひとつ達成していくことになる。

理念と方針については、確かにその通りであろう。しかし、その効果的な実行となると、簡単ではない。

このガイドラインの添付資料には、全国の自治体で実際に発生した不祥事例をベースに作成された分類一覧（ガイドラインの「別紙3」）がある。大変参考となる有用資料だが、不祥事の中でも特に明確な自治体の信頼喪失事例は、やはり財務会計処理に関するものであろう。公金の扱いに対する緊張感欠如の露呈から刑罰法規に反するものまで、ひとたび起こせば住民の公共部門への信頼を一気に失わせることになる。

不祥事の内容には、犯罪を構成する故意のあるものと、（重大な）過失によるものがある。本書では詳述しないが、例えば故意によるものについては、少なくとも同じ関係業務に職員を長期にわたり従事させないこと（定期的な人事異動）、また、過失によるものについては、的確な事務処理要領（マニュアル）や関係職員間の情報共有を徹底することで、いずれも少なからず防止できる。まずは基本的あるいは最低限度の改善・対応方法を日常業務と職員研修で徹底し、常時的に確認することである。そして、何よりも大切なのは、次に述べるように、**関係職員の士気を上げるか、または決して下げないよう、組織的な努力をすること**である。

(3) なぜ不祥事は起こる？～発生しやすい職場とは

自治体の内部統制は自治体経営にとって根幹的なもので、それゆえその対象範囲もおよそ自治体業務の全てにわたるのであるが、違反行為として内部統制のあり方を厳しく問われる「不祥事」は、どうして起きるのか。

この種の内部統制違反、つまりコンプライアンス違反行為が発生する背景や事情はいくつかあり、その要因の多様性が、違反行為撲滅の困難さ、優れた内部統制実現の難しさの理由でもある。

それでも筆者の経験則などから、その要因を概ね整理し、対処方法を例示列挙すると、次のようなものになる。

〈コンプライアンス保持の難しさと、効果的な体制の確立〉

1　事務の不適正処理、破廉恥罪、業務上横領、交通事犯や暴力事件など、内部統制『違反』の多様性

コンプライアンスの破壊要因は多様であり、一律の処方では撲滅できない。破壊の主な要因を例示する。

■知識や情報が不十分なために生ずる場合

不完全、または不親切な事務引継ぎ

定例的事務処理でも複雑な業務でも、マニュアルがない、またはあっても改訂・改良がされていない。職務範囲が広く、かつボリュームが多い。

職場で相談できる人がいない。参考資料や文献等が整備されていない。

■職場の人間関係など、業務環境に起因する場合

職場における精神的圧迫が高じて、事務に専念できない、ミスについて相談・報告ができない、問題解決に手を付けられない等、職場の雰囲気、環境が良くない。

■職場外で職員個人が課題を抱えていることに起因する場合

家庭の不和、多額の借金、食生活の乱れ（アルコール依存等）など、個人として抱える

課題、問題の存在。

■その他、そもそも職員個人の資質的な部分に起因する場合

性癖、基本的な倫理観、気質など、職員としてもともと不適格な要素が内在している。

2　自治体が個々単独で考えるのでなく、知恵を出し合い情報を共有して手法を確立することが大切

市町村と都道府県の共同組織で、各市町村と都道府県が一緒に施策（方策）を考える！

↓知の集積と施策情報の共有で、効果的な内部統制の手法を考え、その強化に一丸となって取り組むことが効果的だ。以下にその例を掲げる。

■事務処理技術の定型化と効率化

効率的で簡易な事務処理方法の確立と、定型的事務のマニュアル化

問題事案の情報共有化と課内・班内相談体制の確立（制度先行でなく、まず会話がしやすい職場の雰囲気をつくる⇓管理職のしごと！）

定期的な職員研修、啓発文言やスローガンの掲示、職場内の訓示や注意、普段のＯＪＴなど⇓あきらめず、とにかく続けること！

■カウンセリング・システムの充実と管理者の目配り

ライン外の担当職を作る、外部専門家を登用するなど職員が気軽に相談できるような窓口と体制づくり

■**職場環境の改善と「風通し」づくり**

「ほうれんそう」がしにくい職場環境の全面的な改善

職場の雰囲気づくりは管理職の最大業務であり、基本的な責務であること！

■**職員の士気高揚への取り組み**

内部統制は管理統制ではなく、仕事の達成感、喜びと気力の充実が大切な要素。何より、管理職が進んで職場を明るくすること！

職員の家庭内の問題は組織として探査しづらいし、職員本人からの申告や相談がなければ、なかなかわからない。しかし、これは職場内の丁寧な相談体制やカウンセリング対応で対処できる場合もある。また、繰り返し行う職員研修、職場内の貼り紙、声掛け、励ましなどによる意識啓発で、職員の倫理観醸成についてもある程度は実践ができる。組織として、こうした活動を並行して行うことが大切である点は言うまでもない。要は**行動をあきらめない、取り組みをやめないこと**である。

職場のコンプライアンスを壊す温床または原因について、私がこれまでに調査に直接関与し、または組織内で正確に伝聞した事案から述べ得ることは、その最大の要因が、やはり職場そのものにあるということだ。

この職場環境の不全・未整備には、大きく2つの要素がある。

まず、よく取りざたされるのは、事務処理の流れやリスク管理を明確にまとめた要領やマニュアルの未整備または不存在である。これは、財務会計（特に支出関係）、各種許認可、行政指導等、いくつかの分野において典型事案として取り上げられることが多く、いわば自治体としても周知の要素と言える。

しかし、それとともに極めて重要な2つ目の要素がある。その中身を列挙すると、以下のようになる。

a．職場（課や部）の雰囲気が悪い

これは、組織全体の士気を下げる最大の要素である。具体的には、組織内のコミュニケーション不足と、それが醸し出す職場の「風通し」の悪さである。

管理職が組織内の会話を促進する明るい雰囲気づくりを怠ると、職場の雰囲気が次第に沈み、冷え込んでくる。組織内のコミュニケーションの減少は、ひとえに管理職の責に帰するところが大きい。これに管理職のパワハラなどが加われば、空気はさらに悪化する。

b．職場内で情報が共有されていない

こうした職場環境では係、班などの分科セクションでの会話も減り、管理職に様々な情報が入りにくくなる。このマイナス方向に形成された陰鬱な環境、暗い雰囲気の中で、管理職がいくら報告、連絡、相談などと叫んでも無駄である。言葉が活発に飛び交い、情報が自然に共有できる職場風土を創らずに、「ほうれんそう」の徹底などと命じたところで、部下の胸には響かない。

c．指示と命令ばかりで、ボトムアップがない

静粛、淡々とした職場では会話が少なく、無駄話もない代わりに、指示・命令と応答だけが会話の構成物になる。一見効率的な職場に見えるが、人は心で動く生き物だから、長時間感情を抑え、常に冷徹、無感動に働けるわけではない。何気ない上司や先輩との会話、職場の中でまず何かを伝えようとする言葉の中から、不祥事につながりかねない問題点の

早期発見ができる場合もある。

ヒトという生き物の階層的集団である組織は、多くの一見無駄な諸要素も、常に抱き込み、呑み込みながら成り立っている。その中では自由で明るい「風通し」づくりが組織経営の根幹であり、最も重要な組織活性化の方法なのであるが、それを誰よりも先に担うべきは管理職であることが、時に忘れられる。そしてそのことが、いずれ自治体組織全体の経営実績に大きく影響することになる。

(4) コンプライアンス違反が発生する主要素は、職場の空気だ

組織において過去に起きた、犯罪を構成するような内部統制違反事案を検証していくと、既に述べたとおり、必ずといっていいほど職場の雰囲気が大きな要因であることがわかる。

職場でのコミュニケーションが減り、職場の風通しが悪くて雰囲気が暗いと、いつしか都合の悪い情報は上司に知らされず、職場内で共有もされないまま、問題が闇に隠れる。しかし、不都合が不都合を呼ぶのはよくあることで、いずれ問題は大きくなり、やがて不祥事の形で発覚する。そうなればもう、手遅れである。

一方、組織内の士気の高揚と職場風土（雰囲気）の改善は、着実に不祥事を減少させる。

完全に撲滅できるかどうかはわからないが、相当程度は減らすことができる。

あまねく職場の空気、雰囲気は管理職が創り出す。職場の風通しも管理職が創る。管理職の日頃の言動は、効率的な行政執行や内部統制違反行為を防止する地盤の形成上、極めて重要な要素である。この要素は外部からはほとんど見えないし、住民からも特に注視されないが、組織経営の基本事項である。しかも管理職が日常的になすべき所作は、至って簡単だ。朝の**元気な挨拶**に始まり、**「声掛け」「励まし」**、部下からの報告や協議への**「感謝」**、そして**「笑い」**。この繰り返しである。管理職が日々行うこれらの簡単な言葉行動だけで、職場の空気、雰囲気は大きく変わり、情報の伝達や共有、さらには

職場の空気はみんなに見える！

職場におけるリスク管理がしやすい環境が生まれる。あとは、「ほうれんそう」の実践だ。管理職がなすべき基本的な所作は何よりもまず、職位ある者として模範となる「気配り」の実践である。これをしないのは、管理職の職務怠慢ということになる。

7 職場のパワー・ハラスメントを根絶できるか？

(1) 自治体経営を内部から崩壊させるパワー・ハラスメント

組織とその経営に打撃を与え、何より将来有望な職場従業員に計り知れないダメージを与えるハラスメントはいくつかある。ここでは社会の多くの分野で特に顕著となっているパワー・ハラスメント（以下、「パワハラ」という。）について、職場における「言葉」のあり方と、自治体組織経営の健全化の見地から述べたい。

職場のハラスメント対策の強化を柱としたいわゆる「女性活躍・ハラスメント規制法」が令和元年5月に成立した。ここでは職場におけるパワハラの要件として、

① 職場において行われる優越的な関係を背景とした言動で、

② 業務上必要かつ相当な範囲を超えたものにより、

③　**雇用する労働者の就業環境が害されること**

の3つを法文上定義した（労働施策総合推進法第30条の2第1項）。

その意義は大きいが、こうした関連法改正の背景には、官・民を問わず、実に多くの職場でハラスメントの増加が著しいという近年の実態がある。

このパワハラ増加の社会的要因については、概ね以下の点が指摘されている。

- 人員削減、人員不足などによる職場の過重労働とストレスの高まり
- 厳しい社会・経済環境における企業間競争の激化
- 雇用形態の多様化等に伴う、職場内でのコミュニケーションの希薄化
- 組織内における業務量の不適正な配分（業務の偏在または特定部署への集中）
- 行政官庁にあっては、多様化し増大する住民からの行政ニーズへの対応

今や自治体でも、多くのパワハラが存在する。全日本自治団体労働組合総合労働局にも、パワハラ関連の相談件数が年々増えているという（同局作成のパワー・ハラスメント予防・解決マニュアル「パワー・ハラスメントのない良好な職場をめざして」2017年5月第3版）。

また、パワハラが原因で職員がうつ病などの精神疾患を発症し、ついには自殺に至るなどの場合について、公務災害として認定されるケースも年々増加している。

パワハラは他のハラスメントと同様、仕事上の人間関係が社会生活の全てだと誤解し、他者に何等の配慮もなく行う、ヒトとして恥ずべき行為である。これは基本的に人権の問題であり、職員の尊厳や人格権を侵害する、決して許されない行為であることは、誰もが理解している。

職場のパワハラにあたると考えられる行為としては、以下のものがある。

〈パワー・ハラスメントの行為類型〉

●いずれも典型的なものだけを例示する。

⑴ 暴行、傷害（身体的な攻撃）
⑵ 脅迫、名誉毀損、侮辱、ひどい暴言（精神的な攻撃）
⑶ 他の職員からの隔離、仲間はずれ、無視（職場の人間関係からの隔絶）
⑷ 業務上、明らかに不要な事柄や、到底遂行が不可能な事項の強制、または仕事の妨害（過大な要求と職務妨害）

(5) 業務上の合理性がないのに、職員の能力や経験とかけ離れたレベルの低い仕事を命じること、または仕事を与えないこと（過小な要求と職務の阻害）
(6) 職員のプライベートな分野に過度に立ち入ること（個人としての生活領域の侵害）
＊一般財団法人地方公務員安全衛生推進協会「パワーハラスメントのない職場をめざして」などの資料を参考に筆者作成。

そのほとんどが正に、言葉による暴力である。こうした典型例とされる問題行動と、業務上の「指導」との区分は必ずしも明確でないとの声も聞く。パワハラ行為なのか否かは、原因行為者の意図（通常、本人は業務指導だと思っている）よりも、具体的な原因行為の内容、目的、方法、程度とともに、「する」側と「された」側双方の関係性など、客観的な事実から判断されることとなる。

しかし、自治体の内部でパワハラ行為をしてしまう職員の存在は、主任・主査や係長など、指導対象や部下を置くようになった時点から相当程度に明らかになる。こうした職員は、ほぼ日常的にこれを行うか、または月日を追うごとにさらにエスカレートしていくので、実際の職場現場では、周囲の職員や他の幹部がその状況やあり様を見れば、パワハラ行為の存在はかなり明確にわかる。被害を受けた職員からの相談、内部通報やその後の課内での聴き取り調査などで、存否にかかる情報は十分に入る。

一方、組織の外部（来客や住民など）からは、こうした職場内部の非情な諸行為がほとんど目視できず、その存在がわからない。組織内部で徐々に進行する職場崩壊と、自治体が行うサービス内容の鈍化・劣化とは、必ずしもパラレルではない。しかし、一人、また一人と職員が倒れ、業務に穴が空く。次第に提供するサービスが鈍化し、ついには職場自体がその体をなさなくなった時に、ついに問題が外部に露呈する。パワハラ問題の陰湿さと深刻さは、そこにある。

わが国の現状として、企業でも自治体でも、会社の利益あるいは公共の福利増進のため、職場における多少の過重労働や精神的圧迫はやむを得ないと考える経営陣が多いのは事実である。現に企業経営者や首長は日々極めて多忙だし、自治体幹部のほとんどが、長年の激務と膨大な残業の結果として昇進し、経営陣のポストに就くので、彼らも内心は、恒常的な超過勤務や上司からの暴言も、仕事の成功に向けた苦労の一環で、どこの職場でもあり得ることだという感覚が依然として強い。

ただ、働く者の人権に直接踏み込む言動で精神的ダメージを与え続け、果ては職場に来ることができなくなる状況を作ってまで組織の目的を達成するのは、経営のあり方として明らかにおかしい。

そして実際に、明らかなパワハラとなる言動を常習的に行う者の言い分は、驚くほど共通している。

- 「自分はしていないつもりだ、した覚えがない」（否定）
- 「指導の範囲内で、そんなつもりはなかった」（矮小）
- 「彼（彼女）は精神面で弱い」（転嫁）

この3類型である。こうした発言を聞いて、被害を受けた側はさらに傷つき、職場復帰がますます遠のくことになる。

職場における部下職員の技量や適性は様々で、組織全体の人員配置上、適材適所のマッチングの問題は毎年、生じ得る。そうした中、時には強く叱りたくなるような部下もいよう。

しかし、それでもモノの言い方、伝え方というのはある。職務上の指導であっても、社会通念上、許容限度を明らかに超える（それはその現場に頻繁に居合わせ、または職場情報を的確に取れば、必ずわかる！）言動はパワハラであり、絶対に許されない。その行為態様は組織の外部、特に地域住民からは見えないが、組織内では、以下の取り組みにより、その認定はかなり容易である。

●内部通報システム（例：監察制度の充実など）
●きめこまやかな相談体制（例：総務課、人事課と関係課で主に構成）
●十分な調査体制（例：関係課、総務課、人事課などで構成）

パワハラによって貴重な組織人財の健康を損ね、ひいては長期休暇や自殺に至らしめる行為は、その職場の崩壊とともに、自治体の組織体制の損傷または崩壊につながるものであり、公務を司る者として絶対に許されない、社会的に可罰性の高い犯罪的な行為である。自治体の仕事は、ほぼ全てが税を原資として行われるのだから、納税者たる住民の感知できない所で日々行われる、陰湿かつ執拗な加害言動による行政の生産性の低下、公務の停滞は、住民に対する背信行為そのものである。

しかし、組織内の実態として、行政職務に忠実で仕事の完成度が高く、地域で多くの実績を上げた職員であれば、いかに職場でパワハラが激しく、人格を否定する言葉を日々浴びせかけ、多くの部下を登庁不能に追い込んでも、元々内外における職務上の評価が高いだけに、組織として簡単に懲戒ができない、または非常にやりにくいということはないだろうか。

恒常的に激しいパワハラを受けた被害者たる職員が大きな精神的苦痛により長期療養に追い込まれ、その後は配置転換等の処遇を受ける一方で、加害言動を繰り返した職員は何事もなかったかのようにその後も昇進を続け、いずれ組織の経営陣におさまるとしたら……。これを組織経営のあり方として、どう捉え、どう考えるべきかである。

(2) 「察し」と「思いやり」のない言動がパワハラの本質だ

そもそも、自治体の個々の施策や事業について遂行能力の高い職員が、職場で高い管理能力を備えているという保証はない。それゆえ、職員の事業実績や施策の評価に基づいてのみ昇格させ、部下を持たせたとしても、その職員が組織管理を的確かつ丁寧に行えるとは限らない。要は、その職員に、事業・施策の遂行能力とは明らかに別の素養として、部下を含めた他者への、**ヒトとしての「察し」と「思いやり」があるのかないのか**である。

これは組織経営上、大変重要なポイントである。

この「察し」と「思いやり」の心は精神的なものであり、事業・施策の遂行能力とは次元の異なる、多分に人格的な要素である。例えば体育会系の出身だとか、いわゆるスパルタ的な教育を受けたとかいうこととも特に関係はない。また、学校教育や職務経験、あるいは職員研修により、脳内に定着する要素であるとも言いきれない。「察し」と「思いやり」の浅い人が職員として採用され、仕事で実績を出して順調に昇格し、いずれ管理職になったとしても、職場でパワハラをし続けて常習化してしまうケースがある。そして、本人は個々の加害言動について大して覚えていないが、パワハラを受けた側は生涯、決して忘れない。パワハラ職員のこうした残念な常習性は、私自身、多くの職場経験で見聞きし、また体感してきたところである。

１９５５年に米国の心理学者ジョセフ・ルフトとハリー・インガムが発表した「対人関係における気づきのグラフモデル」（後にいわゆる「ジョハリの窓」）では、「自己」には以下の４つの類型があるとしている。

- 「公開された自己」（開放の窓）（open self）、
- 「隠された自己」（秘密の窓）（hidden self）、
- 「自分は気がついていないものの、他人からは見られている自己」（盲点の窓）

(blind self)、

●「誰からもまだ知られていない自己」(未知の窓)(unknown self)

日常のコミュニケーションで、自己というものをどこまで公開する(またはできる)のか、コミュニケーションをどう円滑に進めるかなどを考えるモデルの一つとして、「自己」というものを4つの面で捉えるという、よく知られた図表である。

職場でパワハラを容赦なく続けている人は、この4つの「自己」のうち、「盲点の窓」が非常に大きいにもかかわらず、その意識を欠いている人である。つまり、他者には丸見えになっている自己

〈ジョハリの窓〉

	自分にわかっている	自分にわかっていない
他人にわかっている	**開放の窓** 公開された自己	**盲点の窓** 自分は気がついていないものの、他人からは見られている自己
他人にわかっていない	**秘密の窓** 隠された自己	**未知の窓** 誰からもまだ知られていない自己

の、ある大きな要素が、自分では全く見えていないのである。この盲点部分が自己認識できぬまま、他者に対して同じ加害言動を繰り返すことになる。パワハラの常習者は自分の背中を部下や同僚がどう見て、どう思っているか、その姿を自分だけが全く見えていないのだ。

もう一つ、自身の見聞や職務経験から思うのは、職場でパワハラまたはそれに類する行為を行う管理職には強い自己保身の傾向があり、大抵、上司には従順で丁重であるが、部下には躊躇なく加害言動を繰り返す。パワハラ問題が発覚して状況を調査すると、ほぼ決まって聞く当該管理職の部下への常套句がある。それは、「私が困るんだよ！」「私が上に説明できないんだよ！」。この「私」という言葉である。

部下からすれば、自治体職員として、あくまで住民・地域のために労を尽くし渾身の施策を進めているのであり、別にこの管理職のために仕事を仕上げているわけではない。上司の「あなた」のため日々業務に研鑽しているのではなく、全ては住民のためである。ところがこのような管理職は、住民よりも部下よりも「私」の事情が先行するから、部下としてはその性根を知れば自ずと士気が下がり、いずれその管理職に失望する。いわば、**わが上司の言葉と行動に、その「器量」を見てしまう**のである。

自治体としては、組織内でこうした弊害行為を防止するための研修や教育は常に行うべきものの、当該職員の悪質な言動の性向がほぼ明らかになった時点で、十分な内部調査を行った上、当該職員の昇格などの処遇については相当慎重にすべきである。

つまり、同職員のパワハラ傾向（性向）を見極め、それが個人の資質としてほぼ明確となった時点から、多くの部下を持たせないことである。そして、特に悪質なケースについては、同職員の業務遂行能力が相当程度に高くても、**一罰百戒の理**も含め、**組織として毅然と懲戒処分を行う**べきである。日常的な加害言動が明確な場合、人事担当者が当該職員に警告を発することで一時的には効果があるものの、加害はしばらくするとまた行われるケースが極めて多い。パワハラ職員が組織内で加害言動をやめないまま昇進を続ければ、それに比例して被害を受ける部下職員は確実に増え、登庁できなくなる職員がさらに増す。

それゆえ、被害者が増大しないうちに、毅然とした人事上の処分をすべきである。そうでなければこれから整備が進む新たな法制度も有名無実化し、それが自治体組織全体の生産性を下げ、あるいは組織崩壊の一因となって、地域住民に対する影響と社会的な損失は、非常に大きなものとなる。

サービスの受け手である**住民からは見えない自治体組織の損傷や崩壊を防止する的確な取り組み**は、自治体の重要な責務だと言える。

第5章

自治体経営の強化につながる「言葉力」

1 優れた自治体経営とは何か？　その本質に迫ろう！

企業は利益を上げなければ存続できない。だから企業の経営改革ではコスト削減だけでなく、市場の調査・分析と新製品の研究・開発、試作品の実証実験、生産ラインの見直しや組織の改編、そして無駄のない経理や的確な人事・労務管理等、およそ企業体の全分野に常に目配りをし、日々改良を続ける。しかし、それ以上に、企業のおそらくは命運を決める、経営改革の決定的な要素があるはずだ。それは、**従業員の士気の高揚、情熱の傾注と放散**である。つまり**組織の持つ人財の実力、その底力の最大発揮**である。これを全従業員ができるよう、企業としてどうヒトを計画的に育て、組織内部でその風土をいかに醸成するかが、経営改革のカギなのである。

では、自治体経営はどうか。そもそも自治体経営とはこれまで、どう見られてきたのか。

自治体の業務は法令やルールに縛られ、職員の誰がやっても中身は変わらないという誤解。業務の裁量範囲が狭く、施策の自由度が低いという誤解。仕事は手堅く、冒険はできないという誤解。自治体に対するこうした組織内外の伝統的な誤解から、自治体は住民サービスと公権力行使の主体として、行政の「運営」、つまり様々なサービス業務をまず滞りなく行うことが領分であると理解されてきた。それゆえ、自治体経営そのもののあり方を本質的に議論する機会も、その必要性も強調されてこなかった。だから改革といえば、ただひたすら予算を切り詰め、組織も人も減らし、厳しい社会・経済環境でも住民サービスを維持して、行政「運営」が持続できるようにする。それが自治体の経営改革なのだという、浅き理解と実践しかされてこなかったのではないか。

自治体経営改革の具体的な取り組みとして、これまでPFI、PPP、指定管理、コンセッションなどなど、数多くの方式が紹介または考案され、成功も失敗もしてきた。しかし、これらはいずれも経営改革を進める上での、単なる技術的な手法にすぎない。また、国が推進する「働き方改革」も、国策としての主な取り組みは官民の労働基準や労働環境の見直しと法制化であり、官・民各組織体の経営改革論に何ら踏み込むものではない。

自治体経営の本質論は、それよりもっと深い、別のところにある。

それは、ヒトの育て方、全職員の気概と情熱を引き出す組織風土の戦略的な醸成である。

これこそが今、自治体経営の最大のテーマなのだ。

行財政改革や働き方改革などの技術的な手法のみにあくせくする前に、自治体経営の本質、そのあり方を、まず徹底的に考えるべきだ。つまり、自治体組織全体の底力をどのように強化し、役所の総戦力を、住民の暮らしのために具体的にどう高めていくのかを、自治体の中から徹底して議論し、実行しなければならない。

ではなぜ、自治体の「中から」議論すべきなのか。答えは簡単だ。日々地域の現場で起こる様々な事象に具体的に対応するのは、個々の職員だからである。自治体の行政は極めて多様で、担うべき職務の範囲は非常に広い。だから自治体経営の本質論に、机上の理念や座学は通用しない。財界でも学界でも経営コンサル

自治体経営のあり方に踏み込んだ組織の経営

経営とはどうあるべきか

→ 組織経営をいかになすべきか？

→ 組織経営の理念と方針は？

第1　経営の根底を支えるもの

住民のために気概を持ち、明るくはつらつと働ける職員

士気の高揚、情熱の放射、誇りと達成感

（できる！やろう！の心を育む）

第2　経営改革の手法（戦略）例

行財政改革…事務事業の見直し、定員の適正化、民間活力の導入など

働き方改革…労働条件、労働環境、労務管理など

タントでもなく、自治体の内部から組織経営の実践論を磨き、それを直ちに行動に移していくことが必要なのだ。

2 組織の総力でヒトを育てる

(1) 若手職員の鼓舞の方法〜なりたい自分を自分が創る！

では管理職は人の育成に向けて、若手の職員たちに、何を語ったらよいだろうか。お説教や訓示にならずに、うまくわが理想を伝えることができるだろうか。

私は、結局のところ、自らの経験や知識に基づいた自分の言葉で、素直に語りかけるしかないように思う。

あまり見本にはならないのだが、私が静岡県や県内市町の新規採用職員研修、若手職員との交流会など様々な機会で話すのは、概ね以下のようなことである。

a　**まず、今の仕事に慣れよう**

○「学ぶ」のは「まねぶ」ことなので、まずは先輩や上司の動きを学んで動き方を習おう。そして良い技は盗もう。

○少し慣れてきたら、自分の仕事の法制上（例えば憲法上）の位置付けを考えよう（国家の中の自己と仕事のアイデンティティ）。

○今の仕事の仕方に納得または満足がいかない場合、自分ならどう変えたいかを考えよう。

b　**地域は行政が牽引する！**

○厳しい社会・経済環境の中、地域を牽引するのはやはり地方行政だ。

○自分たちが地域をリードし、自治体を支えていることを自覚しよう。

○自分自身のアイデアを大切にしよう。今すぐでなくても、いずれ必ず使える時が来る。

○都道府県と市町村との信頼関係は大変重要。都道府県・市町村の地域協働による課題解決が大変効果的である。

C　**都道府県や市町村のこれからのあり方を常に考えよう**

○都道府県はこれからどうあるべきなのか、市町村は住民のために何ができるのか、常に考えよう。日々の仕事に流されないことが大切。
○自分がこれをやりたいという思いは、ずっと持ち続けよう。いずれ、必ずやれる時、チャンスが訪れる。それまであきらめたり捨てたりせずに、しっかりと温めておこう。

(2) 各階層の職員に何を伝え、どうしてもらうのか

私も仕事柄、職位に応じた研修のポイントを整理することがある。まとめると、以下のとおりである。これは私がかつて市役所に勤務した時代に構成した、考え方と進め方の一端である。

論点1　ヒトを育てる職場研修
～職員に何を伝え、どうしてもらうのか～

論点2　将来をにらみ、職員の士気高揚のための戦略をどう進めるか
～組織の強靭化に向けた職員研修の総合化と体系化～

論点1への処方箋

●職位に応じた職員研修体系の考え方と進め方（以下、例示）

〈若手職員に伝えたいこと〉

① 自治体のあり方、地方のあり方論をまず習得する。基礎自治体としての市町村の多くの業務が、国や県の影響を受けていること。

② しかしながら住民生活に全て直結した仕事をする行政主体は市町村だけであり、その活動が住民に直接影響を与えること。それゆえ、市町村の自治能力、しごと力が人々の暮らしを左右すること（この意識の高さは重要）。

③ 基礎自治体の自治能力は、税財源面の経済的自立と、優れた人財による自己決定権の2つから構成されること。そして、各地域を担い、国を担うのは実は市町

村とその職員であること。

〈中堅職員に伝えたいこと〉

① 行財政の基本的な企画と立案を行い、自治体を実質的に支える世代であり、その力量が最も問われるという認識が大切であること。

② 地域のため、より効果的な仕事内容への改良を旨とし、自分で納得しがたい、または熱意が湧かないと思うような仕事は、住民にとっても効果の薄い仕事と捉え、積極的に業務の改善・改革を進めるべき旨を認識すること。

〈管理職に伝えたいこと〉

① 管理職は単なる課の管理者ではなく、自治体の経営を行い、施策を立て実践するプロデューサーであり、ディレクターであるとの認識が特に重要であること。

② 管理職には部下・上司への的確な気配りと、業務遂行の豊かなフットワークが求められるが、「守り」でなく「攻め」の姿勢が大切であること。

③ 課の設置目的と、課のみんなで何をしたいかを把握、認識し、一見、荒唐無稽な発想をもいとわぬ姿勢が、時には必要であること（現状の打破）。

論点2への処方箋

●育成は、個別のテーマ設定よりも「ヒト」として総合的に考える

職員のモチベーションの保持やアップに必要なのは、何よりも、職場における自信と達成感である。精神の高揚と充実感は、日々のしごとを通じて味わいたい。しごとに楽しくいそしみ、職員自身が納得のいくしごとを通じて、自信と達成感を得ることの社会的、公益的な価値を、ＯＪＴや職員研修の中ではっきりと示そう。

(3) 職員の戦略的育成術の良し悪しが、地域の将来を決める！

景気がいくばくか上昇し、地域経済が上向いても、それがただちにまちの活性化に結びつくわけではない。企業や様々な団体に勢いがついてきた時、さてどこに進出し、何をしたいか……。その話題をいち早く聞きつけ、スピーディーにわが地域に引き込むのが自治体の技である。もう企業誘致の時代ではないという人もいるが、新産業の誘致であれ、商業地区の再生、住宅地区の開発であれ、所詮は人が訪れ、集い、にぎわいがなければ、やはりまちづくりはうまく進まない。

民活と称し、まちのにぎわいを民間企業や団体の力に委ねることで、まちが発展すると思うのは根拠なき幻想である。**真の仕掛人は、まちづくりの主体である自治体、その職員なのだ。**企業は地域に無償の奉仕をしたくても、元手となる事業収益がなければそれができない。貴重な税を原資とし、住民奉仕そのものが絶対的な義務となっている自治体とは本質的に違う。民活は、地域や自治体が的確に誘引する企業利益が前提でなければ、そもそも実現しない。この大前提を踏まえた上で民間の協力を得る途を考えなければ、自治体施策として失敗するのは当然である。

地域や企業と巧みに掛け合い、地域経済をけん引する自治体職員。活気と気迫、経営意欲にあふれる職員の育成は、地域にとって正に必須である。自治体の経営陣は渾身の力で、**個々人的、計画的に知恵と行動力のある職員の「ヒトづくり」**をしなければならない。これを住民の側から言えば、自分たちが支払う大切な税の力で、住民のために職員を育て、住民のためにその戦力を最大限に発揮させるよう仕向けていくということだ。自治体経営陣のこうした「ヒト」の育成責任は、これからさらに、非常に大きなものとなる。

ここでちょっと一息…

欲求レベルの高い職員が、組織力を高める

米国の心理学者アブラハム・マズロー（1908年〜1970年）は、「ヒトは自己実現に向かって絶えず成長を続ける」という仮説のもと、ヒトの欲求（needs）を5段階に分類して理論化した。ヒトの原始的な欲求に近いものほど底辺にして欲求階層を描いたこの図は、教育学や経営学など、幅広い分野の論考でよく紹介される、大変有名なものである。

　これを組織経営に当てはめてみると、人はとりあえず何とか組織にいれば、給料をもらい生活ができて、組織の様々な庇護や福利厚生で身の安全も保てる。下から3番目の欲

マズローの欲求５段階説
〜人間の欲求には、段階がある〜

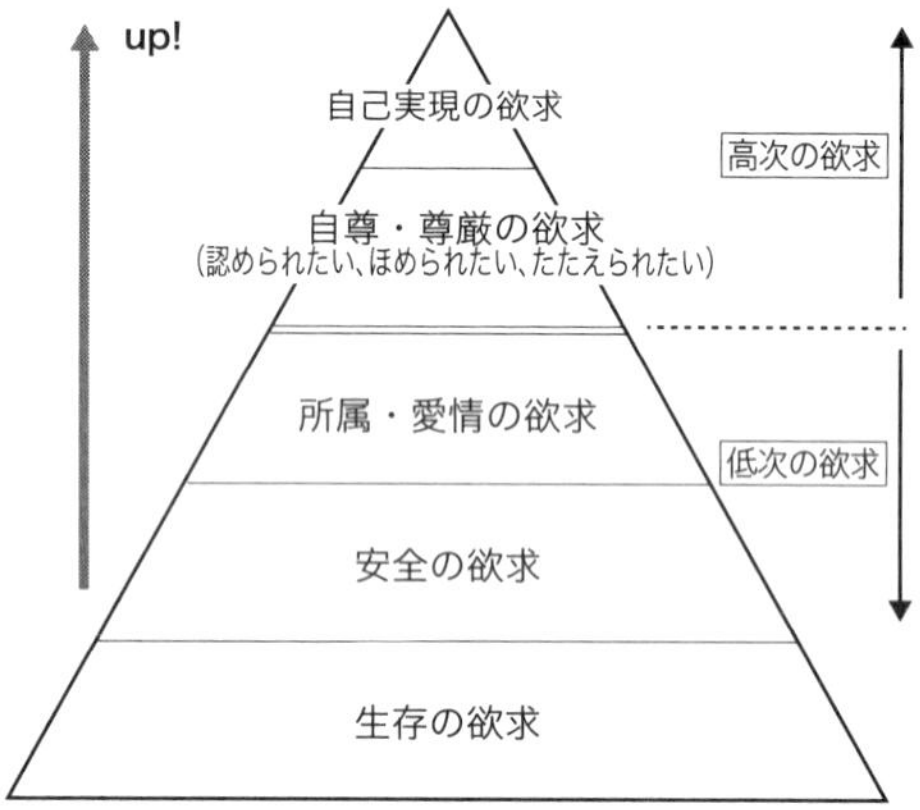

求、いわば低次の欲求までは一応満たされることになる。

ところが、その人が組織の内外で認められ、称賛されると、それが自信とアイデンティティの確立につながり、もっと頑張ろうという意欲が湧く。そこでさらに頑張ると、自身の公私の暮らしが充実し、やりがいや生きがいが生まれてくる。そうなると、仕事や日常生活を通じて自己実現のあり方や進め方を自ら考え、それに向かって挑戦する士気が湧き、この図の最高レベルの欲求を満たす努力をするようになる。

このような人財を組織的に育てて活用すれば、下から3番目の欲求まで満たされた人より、はるかに大きな力が組織の内外で発揮される。だから、職員の士気と活気の醸成が、自治体組織経営の最大の要と言えるのである。

「自分はやれる、できるんだ!」という意識は、その人の自信とプライド、さらには生きがいや人生観にまでつながる。だから、良い仕事については、素直にほめればいいのである。上司や経営陣から称賛されたら、その人の自己実現パワーはグッと増し、それが組織の生産力を上げることになる。

3 市町村の企画・人事関係者に向けて

(1) 市町村の仕事は、どんな世界的大企業より業務範囲が広い！

ここでは、これからさらに住民のために最も重要な存在となる基礎自治体、つまり市町村の主として企画・人事関係の方々に向け、メッセージを捧げたい。

基礎自治体が担う地方行政の奥行きは極めて広く、そして奥が深い。国民と直接日々接し、対話し、人々の暮らしの基本を支え、その満足度を高める最前線の基地が、基礎自治体である市役所、町村役場である。それゆえ市町村職員の元気と活気が地域住民に与える影響は極めて大きく、それが市・町・村全体の勢いにそのままつながることになる。

私は静岡県内の藤枝市役所に6年半勤務し、同市政から大変多くのことを学んだ。基礎自治体の仕事の広さと奥深さ、常に現場とともにある各職員の苦心と努力、人々と常時直接やりとりする緊張感、施策立案の苦しさと楽しさ、そして実施の達成感。同市で学び、体感した地方行政の真髄は、私の生涯の財産となった。

住民生活の土台を支える基礎自治体において大切なことは、部下・職員が厳しき仕事の中にもやりがいを感じ、プロとして自分で考えて働き、達成感を味わいながら、日々成果を創り上げていける環境を、経営陣、管理職が整えることだと思う。そのためには、この**経営陣、管理職の職員との日々のコミュニケーションが、何よりも大事だ**と思うのである。毎日顔を合わせているから一々言わなくてもわかる、大丈夫だろうではなく、積極的に部下・職員と話すという行動を、日々怠らないことが大切ではないだろうか。

そして、自治体、特に市町村の役割としてこれからもっともっと大事になるのが、都市の経営、まちづくりである。わがまちを、これからどう進化させたいのか。この壮大なテーマについて、各職員が気概とやりがいを持ち、日々、頑張り奮闘している姿を、私は市役所で見てきた。

組織も社会も全て「ヒト」で成り立っている。優れた人財がなければ良い仕事はできないし、何より、地域の人々に喜んでもらえない。これは官・民を問わず、最も重要で、実に基本的な事柄である。

それゆえ、どこの市町村も、住民のために常に考え、斬新な発想でアイデアを出し、情熱を持って地方行政を担ってくれる職員を、心底望んでいるのである。**学歴でも、学校の成績でもない。欲しいのは、わがまちを何とかしたい！という激しい情熱である。**そこで、私は若い人たちに申し上げたい。魅力あふれる豊かな地方行政に向け、自治体職員として頑張っていこうではないか。住民の反応は早い。**いずれ必ず、職員の熱い思いは、まち全体に届いて響くようになる。**

⑵　地域を越えて活動しても、地域のためになる

市町村の職員は、行政区域内だけにその活動をとどめる必要はない。地域を変えるのはもちろん、成功事例の提示やユニークな施策の提案を地域から発信し、地域を越えて、国にも変革をもたらせばいい。活動が全国規模となり、例えば他の自治体でアドバイスや講演をし、大学で教鞭をとったりするなど、行政区域を越えて活動してもいい。それは当該自治体の重要な政策広報になるし、そもそも自治体の施策に特許権はないのだから、良い知恵、優れた施策は他の自治体と共有し、他のどの地域でも実施すればよい。

全ては住民の福利増進のためである。まずは地域から、そして広く、都道府県や国をも変えていく。そういう熱い思いがあっていいだろう。そうした思いで日々頑張っておられる市町村の職員を、私自身、たくさん知っている。**真に国民のための施策づくりのカギは、今や基礎自治体が握っているのだ。**

(3) 都市の経営と役所の経営 (Double Management)

基礎自治体行政の経営には、言うまでもなく、わが「まち」の経営、すなわち人口を擁する都市（自治体）の経営とともに、人々の暮らしの基盤を支える役所の「組織」経営の2つがある（Double Management）。市町村長の職務は、この2つの経営を、同時に行うことである。実際、寝ても覚めても首長各位は、この2つのことを常に考えている。

まちづくりには、交通インフラの整備、産業振興と企業等の誘致、区画整理や再開発、医療、介護、消防と防災、防犯、自治会・町内会など、実に多くの心配りと実践が必要だ。これほど広範囲の業務を一手に担う民間企業は、世界中のどこにも存在しない。そして、その全ての業務が、職員（ヒト）の手で住民（ヒト）に直接、向けられている。つまり基礎自治体の行政は、正に国民の暮らしの満足度、いわば人の幸福に直接つながる「しごと」と言える。

ＩＣＴや高度な機械的技術など、多くの手段や媒体が文明の手により広く自由に使えるようになっても、それらを操り、具体的な行為や作業を行うのは全て職員（ヒト）が住民（ヒト）に対してである。

そして、人々の暮らしの基礎は、お金があって、物に満たされるだけでは充足しない。家庭においても組織・社会においても、気遣い、心配り、配慮、こうしたあたたかな気持ちに基づく心の豊かさがなければ、人は結局、暮らしが充ち足りてゆかない。

　非常に観念的な言い方になるが、地方行政の根本もそこにある。優しさ、つまり**「察し」と「思いやり」が真のヒトの心、家庭、職場、ひいては社会の豊かさ**

基礎自治体における２つのマネジメント

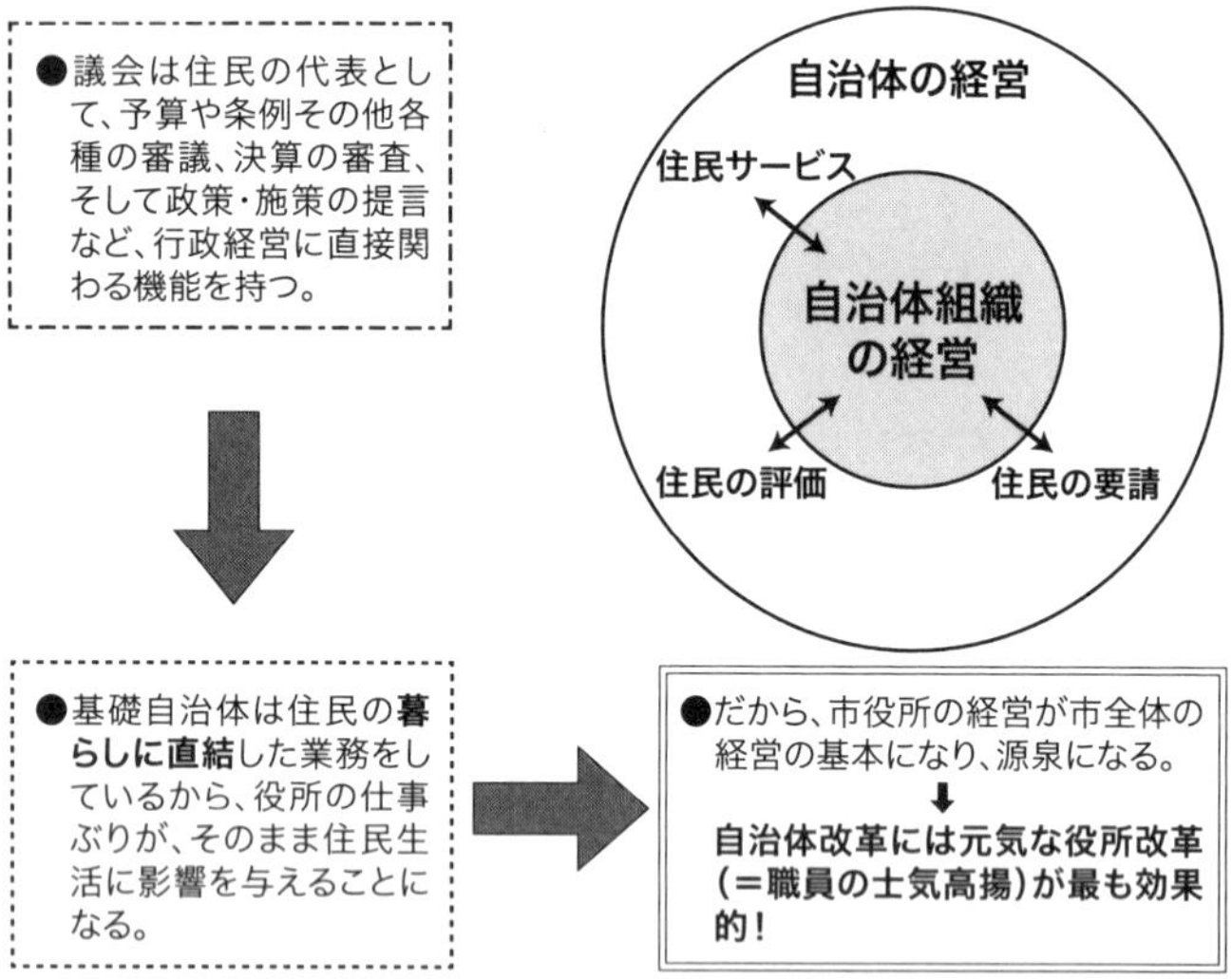

●議会は住民の代表として、予算や条例その他各種の審議、決算の審査、そして政策・施策の提言など、行政経営に直接関わる機能を持つ。
●基礎自治体は住民の**暮らしに直結**した業務をしているから、役所の仕事ぶりが、そのまま住民生活に影響を与えることになる。
自治体の経営
住民サービス
自治体組織の経営
住民の評価
住民の要請
●だから、市役所の経営が市全体の経営の基本になり、源泉になる。
自治体改革には元気な役所改革（＝職員の士気高揚）が最も効果的！

（注）国の行政制度は包括一体ではない。各省の設置法により、国のそれぞれの行政事務は全て各大臣の権限により執行される。したがって、いわゆる国家の経営と、各省庁の経営とは別である。

　また、都道府県も、その中に市町村を包摂し（地方自治法第５条第２項）、しかも市町村域を越えた広域的事務を処理するため、都道府県が圏域内の全ての行政経営を行うものではない。

を形成するもので、物欲だけがいかに満たされても、住民は豊かさを実感できないのである。

基礎自治体である市町村では、職員一人ひとりの仕事が、窓口の若手職員から幹部の部長クラスまで、市民生活とダイレクトに結びついている。ということは、この職員一人ひとりが活力とアイデアに満ちた元気な仕事をしていけば、人々の暮らしにいずれ大きな効果が直接現れ、結果的に自治体改革は、思いのほか早く進められる。

逆に、自治体組織の内部経営において、全職員が気概を持ってばりばりと働けるような環境の整備を怠り、取り組みをおろそかにすれば、職員の意欲は確実に減退し、一人ひとりの行政生産力が下がってくる。叱責と切る・削るオンリーの改革手段では職員の士気は上がらず、経営改革には効果がない。そしてその影響は、いずれ確実に住民に伝播する。組織内部の職員の意欲の低下、意識の鈍化は、納税者たる住民にすぐにはわからない。組織の中の停滞や腐敗は、はじめは外から見えないのだ。しかし、自治体の窓口を訪れる住民は、やがて少しずつ気づく。眼に力が無く元気のない、意欲の落ちた職員が増えてきたなあとの印象が、徐々に人々に伝わる。そうして組織の衰退→まちづくりの鈍化→自治体の衰退が進んでいく。

行政の直接の担い手が、鈍化する。住民の気づかぬところで、いつの間にか衰退する自治体。これは、住民の福利増進または健全な維持のため、絶対に避けなければならない。

基礎自治体の職員みんなが、多忙な中にも自分の力で業務を一つひとつ、より良いものとなるよう、日々改善していく。**今のままでいいだろうか、どうしたらもっと人々に喜ばれるか、どうすればもっと効果的に人々の暮らしの礎を支えられるか。**これを一部の幹部でなく、職員全員が毎日、少しずつでも考えるようにすれば、自治体そのものの総力は大きくアップする。

4 おわりに～自治体職員の「あるべき姿」とは？

(1) 時代が変わっても変わらぬ理想がある！

これは今世紀に入る前の政府の作品だが、ともすれば一世代前のものとさえ思われがちな、地方公務員制度調査研究会報告書「地方自治・新時代の地方公務員制度」（平成11年）の中に、こんな一節がある。

「地方公共団体を取り巻く環境の変化とともに、我が国の地方自治が新時代を迎えようとしている今、地方公務員制度もまた分権型社会における地方公務員のあり方にふさわしいものでなければならない。

まず、地方分権の進展に伴い、地方公共団体の担う役割がより多様なものとなるため、従来よりも、職員に期待される能力も一層多様化してくる。すなわち、行政サービスの高度化に伴う専門的能力、新たな課題に積極的に取り組む進取の気性と創造力、状況に適切に対応できる柔軟性などが、これまでにもまして求められることになる。地方公務員法制度もこのような期待にこたえ得るよう、多様な人材を確保できる柔軟なものでなければならない。

加えて、地方公務員も地域で生きる一員として、住民とともに地域の問題を語り合い、考え、解決に努力する人間であることが望まれている。言い換えれば、専門性、創造性と並んで、あるいはそれ以上に、協働性ひいては、豊かな人間性やコミュニケーション能力が要求される。また今後更に進むと予想される民間サービスと競合する行政分野の拡大、民間との人事交流の拡大という要素も、住民に身近な存在としての公務員像を描かせる契機となる。」

この一節を、一昔前の古い発想に基づく単なる美文だと思うだろうか。私は今、最も地域に求められる公務員のあり方を実に的確に述べた、優れた一節だと思う。おそらくどこも色あせていない。ただ惜しむらくは、そのあるべき公務員を地域で創り上げていくための具体的な手法については、特に語っていないことである。そこが自治体にとって、最も肝心なところなのだが！

私は、こうしたあるべき公務員を創造する源泉は、職員のやりがいと士気の高揚、職員の情熱の傾注と放散だと考える。これを自治体の経営論に置き換えれば、組織の持つ人財の実力、その底力が最大発揮できるよう、組織としてどうヒトを計画的に育て、組織内部でその風土をどう具体的に醸成するかが、自治体経営改革のカギだと考える。

それは別に、何も難しいことではないのである。毎日の簡単な取り組みで、早期の実現が可能なのである。

⑵「知」と「情」の豊かな組織を職員が創る

特に、基礎自治体の職員は一人で広範囲の業務を担当するので、日々、大変忙しい。しかし、そうした中でも、地域社会が何を求めているか、何が今、地域社会に足りないのか、それを満たすにはどうしたらよいのか。地域が現実に持つ悩み、望み、そして期待に、自分ならどう応えるのかを、職員一人ひとりが常に考え、知恵とアイデアを絞り出し、一つひとつ対処していくことが、真に必要な時代になっている。

日々、眼前の多くの仕事に追われる中、個々の職員がこの意識と熱を持ち続けるのはなかなか難しい。しかし、これが少しずつでも行われないと、仮にまちなみ整備や企業誘致、物産振興などで一時的にまちのにぎわいが創出されても、それを弾みとして次の諸戦略を豊かに展開し、強靭でバイタリティのある自治体づくりを進めるのは困難になる。それは、お金、つまり予算の問題ではない。発想と知恵を次々に繰り出し、いかに熱量をもってまち全体の活力を持続・増進することができるかが問題であり、それがまちづくりの最も大切な要素・命題なのである。

自治体組織として、地域社会の根底を支える職員各自の価値と持ち味を生かし、それらが人々のために真に使われ、損なわれないようなヒトの育成と配慮を続けること、いわば、**「知」と「情」に満ちた組織経営**を進めることが、常に住民のため、住民と共にある自治体の基本的な責務であると考える。

人財は正に、宝である。地域社会を支え、より良きものに変えるための貴重な資源、資産である。決して最初に削るべき「コスト」ではないことに、自治体としてまず最大の留意をすべきである。行革の成果説明のためだけに行うマイナス・引き算づくしの「切る・

削る」からは、住民に向けた新たな施策は何も生まれない。切る・削るという行為と行政の生産性向上とは特に関係がなく、互いに連動もしない。今、自治体にとって最も大切なのは、職員自身の向上意欲、豊かな知恵と発想の創出に向けた、組織的な環境の整備である。これは自治体の経営陣と管理職が、住民のため、渾身の力で取り組まなければならない最重要事項である。

「察しと思いやり」を基調とした言葉力の育成と駆使は、組織活性化のための、極めて有効な処方箋と言える。言葉は、正に「力」だ。その力は自治体組織の経営、地域の振興において必須・必携の武器であることを忘れてはならない。

これから基礎自治体をはじめとする地方行政主体の責任は、さらに大きく、そして重くなる。その経営の強靱化には、これまでに述べた言葉力を中心としたシステマティックな行動体系が非常に効果的であり、しかも早く成果が出るものと、私は強く確信している。

地域・社会のためになる組織は、ヒト次第。組織は力であり、力のある組織はヒトが創る。この点は、基礎自治体である市町村でも広域自治体である都道府県でも、実は全く同じである。

(3) ヒトは「忘れる」動物～理念を語り続ける努力を

役所には、定期的に必ず大規模な人事異動がある。ほとんどの都道府県、市町村で、主として年度替わりにおおよそ3分の1程度の職員が部署を異動する。退職者もあり、新たな採用職員も入ってくる。組織は常に、選手交替と新陳代謝が進む。だからこそ、優れた組織経営の手法は常に、全職員の間で理解・共有されなければならない。ある部署で良好な職場環境、空気が醸成されても、新陳代謝により、それが次年度も保たれるとは限らない。職場の現管理職が苦心して創り上げた優れた職場の風土、環境で職員の士気が上がり、成果が出ている時に、それが長く維持され、またはさらに良いものになるか否かは、ひとえに新たな管理職やその直下のリーダー（課長代理、主幹、係長）に掛かっているのだが、新たな管理職次第で、それが鈍化したり失われたりすることがある。

だから、全庁的な経営理念の理解と常なる共有は必須である。組織を構成するメンバーの定期的な交替が、優れた職場環境づくりの理念の忘却と、その環境自体の亡失を招くことがあるのは、組織経営の大きな課題だ。自治体組織の全体が明確な経営理念のもと、全庁的に長期一貫してマネジメントされるのは容易なことではない。首長の確固たる経営哲学と、経営陣の日々の具体的な行動がどうしても必要になる。組織の上層部が一貫して同じように行動していれば、各部局で多少の差はあれ、傘下の課長以下職員は、異動があっても新たな職場でそれを継続し、具体的な行動を続ける。

大事なことは、**組織の上層部（経営陣）が、常日頃からその経営理念を、自分の言葉で言い続ける**ことである。どんなに優れた経営理念も良好な職場環境も、それについて常に言葉を発していなければ、いずれは忘れ去られ、やがて失われる。このことを経営陣は忘れてはならない。静かに押し寄せる忘却の波に耐えて息づく優れた組織経営の理念は、常に組織の中で、ことあるごとに語られるべきだ。これは住民には見えないが、正に住民のための日々の行動と言える。

⑷　当たり前のことが、当たり前にできる組織であれ！

最後に、改めて考えていただきたい。

職場における日々の挨拶など、至極、当たり前のことである。部下への適時の声掛けも当たり前。仕事へのねぎらいや励ましも当たり前。そして部下を叱りつつ最後には声をあげて笑うのも、実に当たり前の、ごく簡単な所作である。日常のこんなしぐさで、本当に組織全体が大きく活性化するというのかと、まだ疑問に思う人もあるかもしれない。

しかし、やってみればいい。正にそうなるのである。職場の空気が変わり、さらにこれまでに述べてきた様々な技法や戦略手法を取り入れることで、明らかに自治体組織は大きく変化し、環境、風土が驚くほど変わる。**日々、当たり前のことが、当たり前にできる組織であることが**、間違いなく組織全体の活性化、そして強靭化につながるのである。

そんな当たり前の所作でいいのかといぶかる前に、今、どうして自分の組織でそれができていないのか、なぜ、しようとしないのかをまず考えるべきだ。そして、組織のどこかからでもいい、できる部署から、できる管理職やリーダーがそれを試行し、少しずつ習慣化してみることである。それで、実に様々なことが変わる。本書を手に取って読んでくれた方々に、このことを改めて申し上げ、筆を置きたい。

★自治体の組織経営のあり方とは…
たとえ苦しくても、常に明るく進めること。
そして、人々のために、決してよどまないことである。

著者略歴

山梨　秀樹（やまなし・ひでき）

元静岡県理事、静岡県藤枝市理事

昭和33年生まれ。昭和58年4月、静岡県庁に入庁。総務部市町村課、旧総理府（現内閣府）地方分権推進委員会事務局、静岡県総務部合併支援室などを経て、平成20年10月から静岡県藤枝市行財政改革担当理事。同市市長公室長、副市長を歴任。平成27年4月から静岡県くらし・環境部長代理。知事公室長を経て、平成29年1月から県理事（地方分権・大都市制度担当）。平成31年3月、定年退職。同年4月より、藤枝市理事に就任。主な論文に、「活力あふれる強靭な自治体をつくる『言葉力』―豊かなコミュニケーションで、時代を担う強い自治体へ」（月刊『ガバナンス』2018年8月号）のほか、静岡県内を中心に、「言葉力」をテーマにした研修・講演を実施している。

〈過去の論文又は寄稿等〉

○「静岡県の条例に関する対応とその考え方―事務処理特例条例を中心として」月刊『地方分権』2000年1月号（特集　どう乗り切る？都道府県・市町村　第1回定例会の分権条例対応―都道府県の分権対応と市町村との連携）／ぎょうせい

○座談会「分権促進型自治体の創造に向けて」月刊『地方分権』2000年4月号（特集　地方分権一括法施行！創造的改革への座標軸を探る）／ぎょうせい

○「これからの基礎自治体を担う『人財』を――藤枝型新公共経営の流儀と実践」月刊『ガバナンス』2011年5月号（特集　分権時代の自治体職員）／ぎょうせい

○「地域行政を担う確かな人財の育成～スペシャル・ジェネラリストとは何か～新しい自治体経営の進め方」（Series　学び、育つ人材の新たな育成法4）『国際文化研修』2013年春vol.79／全国市町村国際文化研修所

○「活力あふれる強靭な自治体をつくる『言葉力』――豊かなコミュニケーションで、時代を担う強い自治体へ」月刊『ガバナンス』2018年8月号（スキルアップ特集　仕事力を高める説明のスキル）／ぎょうせい

伝えたいことが相手に届く！

公務員の言葉力

令和元年 12 月 20 日　第 1 刷発行
令和 3 年　6 月 20 日　第 5 刷発行

著　者　山 梨 秀 樹

発行所　株式会社 ぎょうせい

〒136-8575　東京都江東区新木場 1 - 18 - 11
電話　編集　03-6892-6508
営業　03-6892-6666
フリーコール　0120-953-431
URL：https://gyosei.jp

〈検印省略〉

印刷　ぎょうせいデジタル㈱

ISBN978-4-324-10680-8
(5108541-00-000)
〔略号：公務員言葉力〕